JLA
図書館実践シリーズ……………

図書館と
ゲーム

イベントから収集へ

井上奈智・高倉暁大・日向良和 著

日本図書館協会

Games in Libraries

(JLA Monograph Series for Library Practitioners ; 39)

図書館とゲーム ： イベントから収集へ ／ 井上奈智［ほか］著. － 東京 ： 日本図書館協会, 2018. － 169p ； 19cm. － (JLA図書館実践シリーズ ； 39). － ISBN978-4-8204-1811-5

t1. トショカン ト ゲーム a1. イノウエ, ナチ a2. タカクラ, アキヒロ a3. ヒナタ, ヨシカズ s1. 遊戯 s2. コンピュータ ゲーム ① 015

はじめに

　図書館は，静謐な空間で読書をするもの，というイメージが大きく変わりつつあります。ゆっくり本を読む環境の整備が重要な役割であることは，いうまでもありません。加えて，議論する場であり，講座を受ける場であり，自習をする場であり，育児をする場でもあります。図書館員は，賑わいの中心点を目指して，自館の位置づけや利用者のニーズを把握しながら，さまざまな取り組みを行ってきました。そのひとつが，図書館の活動にゲームを組み込む動きです。何らかのゲームをしたことがない人はいないと思います。小さいころに遊んだ，もしくは大人になってからも遊んでいる，囲碁，将棋，オセロや百人一首，テレビゲーム（デジタルゲーム）など。特に，デジタルゲームは，長年にわたって多くの社会現象を生み出してきました。最近では，ボードゲームやカードゲーム，TRPG（テーブルトーク・ロールプレイングゲーム）と呼ばれるゲームもよく遊ばれるようになりました。

　図書館でゲームを行うことで，これまで図書館に足を運ばなかった人を呼び込むことができます。ゲームは，子どもだけでなく大人も，ハンディを持った人をも巻き込んで，すぐに仲良くなることを助ける絶好のツールです。それだけではありません。ゲームは，さまざまな文化や物語，教養の結晶です。図書館の蔵書としても，――もちろん，それぞれの図書館の役割によりますが――ふさわしいコンテンツといえます。

本書の目的は，ふたつあります。
① ゲームサービスを実施する図書館のために，根拠と具体的なノウハウを整理する。
② ゲーム（特にボードゲーム）の蔵書構築やアーカイブの可能性を検討する。

　本書の構成は，次のとおりです。
　1章では，ゲームの定義や範囲を整理します。
　2章，3章では，サービスとしてのゲームを扱います。また，実践的なノウハウを整理します（目的の①）。
　4章では，図書館情報学の見地から，図書館情報資源としてのゲームを理論的に整理します（目的の①と②）。
　5章では，ボードゲームアーカイブに触れます（目的の②）。
　本書が，図書館でゲームサービスを導入したいと考えている方，ゲームを読書支援に活用したい方，アーカイブに関心のある方，図書館でのゲームの位置付けに悩んでいる方，ゲームに関心がないもののゲームと図書館の関係を考えたい方にとって有意義な一冊となることを願ってやみません。
　それでは，図書館とゲームという，新しい物語を見ていきましょう。

2018年9月
井上　奈智

本書に含まれる，井上奈智，高倉暁大，日向良和の作品は，クリエイティブ・コモンズ表示－非営利4.0国際（CC BY-NC 4.0）ライセンスの下に提供されています。

目 次

はじめに（井上奈智）　iii

●1章● 「ゲーム」とは何か（井上奈智） ……………… 1

1.1 ゲームの範囲　1
1.2 伝統ゲーム　1
1.3 ボードゲーム　2
1.4 TRPG　4
1.5 デジタルゲーム　8
1.6 ゲーミフィケーションとしてのゲーム
　　（ビブリオバトル・脱出ゲームなど）　11

●2章● 事例集 ……………… 13

2.1 おおづ図書館のボードゲーム館外貸出（高倉暁大）　13
　（1）おおづ図書館とボードゲームの出会い　13
　（2）法規と予算　14
　（3）ボードゲームの購入（収集）　16
　（4）図書館の資料とするための整備（装備）　17
　（5）実際のサービス　19
　（6）まとめ　21
　コラム　大阪府立中央図書館　ボードゲームイベントでの
　　　　　企業協力（井上奈智）　23
2.2 高校でのボードゲームを使ったコミュニケーション
　　研修（高倉暁大）　26
　（1）「ボブジテン」言葉によるコミュニケーション　27
　（2）「ディクシット」感性・共感による
　　　 コミュニケーション　29

目次………v

目 次

- (3) 「はじめての人狼」コミュニケーションの難しさ 32
- (4) まとめ 35

2.3 熊本県大津北中学校でのTRPG企画
(高倉暁大) 36
- (1) 具体的な企画の進め方 38
- (2) TRPGの後はブックトークへ 42
- (3) 会場の展示物 42
- (4) 反響 44
- (5) 第2回以降に起きた変化 44
- (6) TRPGを通じた活動で得たもの 47
- (7) 課題 50
- (8) 公共図書館への展開と各地の事例 51
- (9) オススメ本 53
- (10) まとめ 54

2.4 菊陽町図書館での「ポケモンGO」企画
(高倉暁大) 55
- (1) 「ポケモンGO」展示 55
- (2) 文化財地図の配布 58
- (3) 「親子で学ぶ！『ポケモンGO』の遊び方」講座 60
- (4) 「ポケモンGO」を公園で実地プレイ 61
- (5) まとめ 61

2.5 デジタルゲーム，7つの企画（菊陽町図書館）
(高倉暁大) 63
- (1) 「アルスラーン戦記×無双」試遊コーナー 63
- (2) 「サイバーダンガンロンパVR」試遊コーナー 65
- (3) 「戦国無双～真田丸～」試遊コーナー 66
- (4) 「楽しいプログラミングでゲームを作ってみよう！」 67

(5)　日本刀解説企画「熊本ゆかりの刀〜同田貫と
　　　蛍丸」　68
　(6)　「昔のあそびを調べよう〜TVゲーム編〜」　69
　(7)　「親子で学ぶゲームとの付き合い方」　71
　(8)　まとめ　73
2.6　福智町図書館（ふくちのち）での総合的なゲーム企画
　　　（高倉暁大）　74
　(1)　VR体験　75
　(2)　ボードゲーム　78
　(3)　TRPG　79
　(4)　デジタルゲーム　83
　(5)　ゲーム音楽紹介　85
　(6)　まとめ　86
2.7　高校でのFGO（スマホゲーム）を使った読書推進
　　　（高倉暁大）　86
　(1)　FGO関連本でのビブリオバトル　88
　(2)　データでみるFGO　91
　(3)　注意点　94
　(4)　まとめ　94
　図書館の主なゲームイベント（井上奈智，高倉暁大）　96

●3章● ゲームサービス導入に関するQ&A
（高倉暁大） ……………………………………………… 102

Q1　図書館でボードゲーム企画を立ち上げたいと思っています。具体的な進め方を教えてください。　102
Q2　企画書を書くときのコツや留意点を教えてください。　103

目 次

Q3 ゲームは、図書館が購入しているのでしょうか。また、どの科目・区分けで支出しているのでしょうか。 105

Q4 ボードゲームの館内利用・館外貸出と、著作権法の関係について教えてください。 107

Q5 ゲーム企画では、誰がスタッフを務めるのでしょうか。図書館スタッフでしょうか。 108

Q6 ゲーム企画において、個人ボランティアやゲームサークルとのかかわり方を、どのように考えればよいのでしょうか。また、ゲームの持ち込みはどのように対応するのがよいのでしょうか。 109

Q7 ゲーム企画の場所について教えてください。図書館のどの場所が最適でしょうか。 112

Q8 目録は、どのように作ればよいのでしょうか。 113

Q9 ボードゲームはどのように保管・保存するのがよいのでしょうか。 114

Q10 図書館におけるゲーム企画のトラブルや注意点について、具体例と対応方法を教えてください。 116

Q11 ボードゲームの館内利用・館外貸出をすることを考えています。注意点や対応方法を教えてください。 118

Q12 図書館で最初にゲーム企画をするなら、どういうゲームでしたら、やりやすいでしょうか。オススメがあれば教えてください。 119

Q13 やはり図書館でゲームを扱うことに対して、少し抵抗や戸惑いがあります。図書館でのゲームを扱うことの魅力を聞かせてください。 121

Q14 ゲーム企画を実施したいのですが、あと一歩が踏み出せません。どのように数々の企画を成功させてきたの

でしょうか。　123

●4章● 図書館情報資源としてのゲーム
　　　　　（日向良和） ……………………………… 125

4.1　図書館でゲームを収集する社会的意義　126
4.2　ゲームの図書館情報資源における位置づけ　133
4.3　収集するゲームの選択，保存，整理，利用　136
（1）　ゲームの選択　136
（2）　ゲームの保存　139
（3）　ゲームの整理　141
（4）　ゲームの館内利用　146
（5）　ゲームの貸出　149
4.4　図書館サービスへのゲームの導入と想定される効果，目標　151
（1）　アウトリーチ活動　153
（2）　コミュニケーションツール　154
（3）　新しい技術，芸術ジャンルの体験　154
（4）　公民館・児童館との協同　155

●5章● ボードゲームアーカイブの可能性
　　　　　（井上奈智） ……………………………… 156

5.1　ボードゲームの網羅的な収集・保存　158
5.2　データベースとメタデータ　161

あとがき（高倉暁大）　163
索引　165

1章 「ゲーム」とは何か

　図書館でゲームを扱うことを考えるにあたって，まずはゲームとは何か，を整理したいと思います。ゲームとひと口にいってもさまざまなものがあります。分類の方法はこれからの課題ですが，筆者のゲーム仲間でよく使われている分け方を基に，ゲームの種類や特徴を見ていきましょう。

1.1 ゲームの範囲

　ゲームという言葉からは，まず家庭用のテレビゲームを想像するでしょうか。ゲームを簡単に定義すれば，「勝敗を争う遊び」となりますので，実は，その範囲は相当に幅広いものです。テレビゲームだけでなく，囲碁，将棋などの伝統文化といえるものから，人生ゲームのような最近のものもゲームに含まれます。じゃんけんやハンカチ落としもゲームの一種に見えます。本書では，「ルールに基づいて対立および協力しながら，一定の結果を目指すもののうち，肉体的な活動を主要な手段としないもの」を，ゲームとしておきましょう。

1.2 伝統ゲーム

　昔から日本に根づいているゲームを，伝統ゲームと呼びま

す。最も身近なゲーム分野のひとつといえます。将棋，囲碁，カルタ，花札，株札（おいちょかぶ），トランプ，百人一首，麻雀などが挙げられます。1970年代に考案されたゲームではありますがオセロ（リバーシ）も，日本で幅広く遊ばれており，この中に含めてもよさそうです。いずれも，一度は遊んだことがある方も多いと思います。日本ではなじみが薄くなりますが，チェス，バックギャモン，ドラフツ（チェッカー），シャンチー（中国象棋）なども，世界的な愛好者の多さとその歴史の長さから，伝統ゲームに含まれます。

　伝統ゲームは，各国の文化や伝統の一部として認識されています。英国では19世紀半ばにはゲームルームを持つ図書館が生まれています（井上奈智「図書館で『ゲーム』を行なう」http://current.ndl.go.jp/ca1888　最終アクセス：2018年3月27日）。現在の日本の図書館でも，囲碁・将棋・オセロなど人気のある伝統ゲームの入門書や戦術書が，図書館の蔵書に多分に含まれています。伝統ゲームは，早くから図書館で扱われてきた分野といえましょう。

1.3 ボードゲーム

　近現代に生まれたゲームのうち，電源を伴わず，盤（ボード）やカードを用いて遊ぶゲームをこう呼びます。ボードゲームは，デジタルゲームと対比して，アナログゲームや非電源ゲームという場合もあります。「人生ゲーム」（初代は1960年発表）や「モノポリー」（1930年代発表）が知られています。あまりなじみがないかもしませんが，ドイツやアメリカを中心に，多数のボードゲームが製作されています。「スコット

ランドヤード」(1983年発表),「カタン」(1995年発表),「カルカソンヌ」(2000年発表),日本で生まれた「どうぶつしょうぎ」(2008年発表) などに代表されます。

　海外製のボードゲームが日本でもよく遊ばれていますが,日本で生まれたボードゲームも多数あります。本でいう同人誌のような,同人ボードゲームも,多数発表されています。

　ボードゲームの範囲をもう少し詳しく見ていきましょう。「ボード」ゲームという名称ですが,カードのみで遊ばれるゲームもこの中に分類されることが一般的です。また,「人狼ゲーム」(p.33に詳述) に代表される,パーティゲームでも,そのゲームを進行するために用いるカードが,ボードゲームコーナーや専門店に販売されています。「人狼ゲーム」は,テレビやネット番組などで紹介され,「人狼ゲーム」を遊ぶ専門の店舗が都市に誕生するなど,アナログゲームブームの一翼を担っています。

　なお,トレーディングカード (トレカ),というゲームジャンルもあります。トレカは,プレイヤーがコレクションしたカードを集め,デッキと呼ばれるカードの組み合わせを用いて,対戦するゲームです。「マジック・ザ・ギャザリング」,「遊戯王」,「デュエルマスターズ」などに代表されます。古典とされる「マジック・ザ・ギャザリング」は,1993年に販売が開始されました。世界中にファンを持ち,大規模な大会があちこちで開催されており,プロ選手も存在します。他のトレカも大会やイベントが頻繁に開かれています。その規模の大きさや独自の発展から,ボードゲームに含めずに,独立したジャンルとして扱うことが一般的です。

　ボードゲームに関する特筆する動きとしては,ボードカフ

ェの大幅の増加があります。ボードゲームを購入できる主な場所は，玩具店の一角や，専門店であるボードゲームショップです。ボードゲームショップには，遊び場が併設されていることがよくあります。そこで，持ち込みのゲームやお店が遊べるように置いているゲームを遊ぶことができます。この遊び場の機能を拡張し，滞在することを主眼としたお店が，ボードゲームカフェ（ボドゲカフェ）や，ボードゲームスペースと呼ばれる形態です。カフェやバー機能・飲食ができるものをボードゲームカフェ，そうでないものをボードゲームスペースと呼ぶことが多い印象ですが，厳密な区別はありません。いずれも，ボードゲームの販売も行っているところがほとんどです。その数は都市部を中心に，200～300店が全国にあるようです（2018年3月現在）。

・JELLY JELLY CAFE 全国版ボードゲームスペース MAP 243店　http://jellyjellycafe.com/map
・ボドゲーマ 全国のボードゲームカフェ/プレイスペース 286店　https://bodoge.hoobby.net/spaces
（いずれも最終アクセス：2018年3月27日）

　ボードゲームショップやボドゲカフェは，図書館がボードゲーム企画をするときに，ゲームの選定や購入から，スタッフの派遣まで，きわめて重要な関係者となります。

1.4 TRPG

　テーブルトーク・ロールプレイングゲームと呼ばれるゲー

ムです。TRPG（ティー・アールピージー）などと略されることもあります。ロールプレイングゲームというと，著名なデジタルゲームである，「ドラゴンクエスト」や「ファイナルファンタジー」といったゲームが頭に浮かぶかもしれません。一方，TRPGとは，複数のプレイヤーが，コンピュータを用いずに，「ルールブック」と呼ばれる本を用いて遊ぶゲームです。ルールブックには，ゲームの世界観や進め方，キャラクターや道具の種類などが書かれています。

参加者は，ゲームマスター（GM）と呼ばれる司会進行役と，その他のプレイヤーに分かれ，空想上のもしくは現実の世界を舞台に，各々の参加者が種々の役を演じながら（ロールプレイしながら），課題の解決を目指します。勝敗を決めることでなく，協力して課題に取り組んだり，物語を演じたりすることが主眼になることが多いことから，「ゲーム的なルールがある物語ワークショップ」（保田琳「TRPGの歴史，特徴から現地での活用について」『遊戯史研究』28号，2016.10, p.44-60）という捉え方もできます。

TRPGの実際の流れを少し詳しく見ていきましょう。TRPGで扱うストーリーや課題は，ルールブックにもサンプル的に掲載されています。多くの場合は，GMが，あらかじめ独自のシナリオを作成し，それを基に進められます。ルールブックが与える豊かな世界観に，自分のオリジナルを足すこともあります。

各プレイヤーは，ゲーム上でさまざまなステータスを有します。種族（人間でないこともしばしばあります），出身，職業，年齢，性別，性格，特技，得意・不得意，ほかのキャラクターとの相性，所持金などを決めるのです。ゲームが始まる前

にルールブックを用いて，各プレイヤーがそれぞれのキャラクターシートに記入していきます。この作業は，数時間を要し，たまに半日程度かかることもあります。どのようなキャラクターをつくるかを考えるのは，最も楽しい時間のひとつです。一部のステータスは，ダイスを振ってランダムに決めることもあるので，作成者の思いもよらないキャラクターができ上がることも。それらのステータスは，ゲーム中のイベントを経て，ある程度変動していきます。

TPRGでは，さまざまな会話が行われます。GMからのプレイヤーへの説明，GMが操るキャラクターとプレイヤーが操るキャラクターの会話，プレイヤーが操るキャラクター同士の会話，さらに，GMやプレイヤーの現実（いわゆる「中の人」）の会話によって構成されます。それでも，プレイヤーがキャラクターと完全に一致せずに，別人格を演じることができるのは，このキャラクターシートを参照しながらプレイするからです。

GMは，ゲームの進行で大きな役割を果たします。骨格になるルールは，ルールブックやあらかじめ用意したシナリオに基づきます。その解釈や裁定は，GMに任されます。ゲームの世界観，ルール，その場の状況などから総合的に判断していきます。

実際にGMの視点で，ゲームを進行してみましょう。まず，プレイヤーが行うキャラクター作成においては，世界観やシナリオにあるように，若干の調整をします。TPRGでは，プレイヤーに大幅な行動の自由があります。ゲームが破たんせず面白く遊べるように，必要なルールをプレイヤーに確認します。ゲームが始まったら，世界観の説明や，キャラクター

同士の関係，置かれている状況，今回のシナリオなどを説明します。シナリオを進めていくにあたり，キャラクターのコマを使ったり，図を描いたりして，全員が状況を把握できるようにします。プレイヤーはしばしば課題に遭遇します。罠にかかったり，敵と遭遇したりします。その際，プレイヤー同士が協力して課題解決をできるように，会話や行動を促します。プレイヤーが，課題解決を繰り返して，予定していたシナリオが終了したら，最初からどのように状況が変わったかを説明します（村に平和が訪れた，お礼に宝物をもらったなど）。ゲームを終えて総括します。ここで，参加者同士が一緒に遊んだことに対して感謝し合う状況が生まれたらベストです。

　以上，GMはなかなか大変な作業です。世界観を決め，ルールブックを用意し，シナリオをつくり，小道具を持参し，司会進行し，総括し，1人何役もこなします。TRPGの愛好者の集まりでは，GMを順番に回しているところが多いようです。それぞれに個性が出ます。GMによって，同じルールブックやシナリオでも大きくゲームが変わります。もちろん，プレイヤーがどういうふうに行動するか，会話するかによっても，内容はがらりと変わります。TRPGは，豊かな世界観と，丁寧につくられたキャラクターをもとに，GMとプレイヤーが，空想の世界で遊ぶ，素敵なゲームなのです。

　TRPGの世界観を基にした小説やデジタルゲームも展開さされています。遊んだ記録（リプレイと呼びます）をト書きにした本もあります。

1.5 デジタルゲーム

　コンピュータを用いて遊ぶゲームを，本書では，デジタルゲームと呼びます。一般的には，テレビゲーム，ビデオゲームということもあります。1980年代から登場したデジタルゲームは，世代を超えて大変な人気を博し，日本の文化や生活に大きな影響を与えてきました。「インベーダー」,「パックマン」,「テトリス」,「マリオ」,「ドラゴンクエスト」(ドラクエ),「ファイナルファンタジー」,「ストリートファイターⅡ」(ストⅡ),「バーチャファイター」,「ポケットモンスター」(ポケモン),「大乱闘スマッシュブラザーズ」(スマブラ),「モンスターハンター」(モンハン),「パズル＆ドラゴンズ」(パズドラ),「どうぶつの森」,「艦隊これくしょん」(艦これ)……。社会現象になった作品は数知れません。ゲームの好きな人はもちろん，あまり興味のない方でも，聞いたことがあったり，家族や友人が好きだったりするのではないでしょうか。

　まずは，デジタルゲームの種類や歴史を概観してみましょう（デジタルゲームの教科書制作委員会著『デジタルゲームの教科書：知っておくべきゲーム業界最新トレンド』ソフトバンククリエイティブ，2010, p.4-12）。

　デジタルゲームの分類を，少し詳しく見ていきましょう。デジタルゲームは，プラットフォーム（ゲームを再生する機器）によって，分類されます。
・アーケード
・PC
・コンシューマー
・スマートフォン

・その他

アーケードゲームは，ゲームセンターにある筐体で遊ぶゲームです。

PCゲームは，パソコンで遊ぶゲームです。以前ではディスクを再生して遊ぶものが主流でしたが，近年は若者を中心に，オンラインゲームが大変な人気となっています。

コンシューマーゲームは，家庭用機器で遊ぶゲームです。さらに，据置機（ファミリーコンピュータやプレイステーションシリーズなど）と，携帯機（ニンテンドーDSシリーズなど）に分けられます。最近では，ニンテンドースイッチなど，両方の要素を持つものも登場しています。

スマートフォン（携帯電話を含む）を用いたゲームは，以前は内蔵型のゲームのみでした。通信環境の発達から，現在ではオンラインゲームがかなりの部分を占めています。

その他の例として，VR（仮想現実）を用いたデジタルゲームも発表されています。

ゲームの歴史を見ていきましょう。まず，ゲームが市場性を獲得した1980年代から2000年までは，アーケード，コンシューマー，PCがゲームのプラットフォームの主流でした。コンピュータの性能が低く，現在のようにネットワーク環境も整備されていませんでした。高速な画面処理と高解像度の画面を両立することができません。高速描写を実現し反射神経型が多いアーケード，保存性能に強いPCによる高解像度のゲーム，その折衷型のコンシューマーゲームがありました。インターネットの発展とともに，オンラインプレイも広がっていきました。

アーケードゲームでは，短時間で満足を得られるような，

格闘ゲームやシューティングゲームが盛んです。他に，麻雀やクイズも根強いジャンルです。家庭ではできない体感型に強みがあり，ダンスしたり楽器で遊んだりする音楽ゲームが人気です。インターネットが登場してからは，全国対戦ができるゲームも盛んです。

　PCゲームは，当時のPCは，高速処理が苦手であるものの保存領域が相対的に大きかったため，じっくり遊ぶものが多く，アドベンチャー，ロールプレイング，シミュレーションなどが販売されました。PCとインターネット環境の両方の発達により，高速かつ高解像度を実現したオンラインゲームが急速に発達しています。FPS（First Person shooter，プレイヤー視点のシューティングゲーム）やRTS（Real-time Strategy，状況が刻々と動く戦略ゲーム）が特に人気のジャンルです。

　コンシューマーゲームでは，さまざまな人がさまざまなジャンルを遊びます。ある年齢より若い方にとっては，家でゲームをすることは，小さいころの原風景かもしれません。以前は1～2人プレイのものが多数を占めていましたが，ネットワークを使わなくても同じ場所で多人数が遊べるゲームもたくさん販売されています。テニスやゴーカートなどのゲームです。特徴をひとつ挙げると，コンシューマーの機械は，家族が共有することも多いことから，小さな子どもから大人まで遊べるゲームが揃っています。

　2000年からは現在にいたるまで，携帯電話やスマートフォンで，活発にゲームが遊ばれています。テレビCMでも，多くのスマホゲームが登場していますし，電車や待合室でゲームをしている様子が目に入ってきます。多くの方にとって，スマートフォンは最も身近な電子機器かもしれません。その

中で手軽にゲームができるようになっています。当初は，携帯電話の性能的限界や，通信費用が従量制で高額であったため，シンプルな内蔵ゲームが遊ばれていました。スマートフォンが登場し，ゲームの性能が飛躍的に上昇したほか，ネットワーク環境が整備されていく中で，オンラインゲームが大変な人気を博しています。スマートフォンに格納するアプリケーションは，アマチュアが作成したものが多いことも特徴で，無料で遊べるものも多数発表されています。幅広い年代の方が多様なジャンルのゲームを遊び，ゲームも新規開発や廃止，修正が頻繁になされています。

さらに，デジタルゲームは，競技としても注目されています。eスポーツ（エレクトロニック・スポーツ）として，世界的に大変な人気を博しており，数億人の競技人口があるといわれています。

1.6 ゲーミフィケーションとしてのゲーム（ビブリオバトル・脱出ゲームなど）

ビブリオバトル，脱出ゲーム，資料探しゲームなどのゲームはすでに図書館で盛んに行われています。これらはゲーミフィケーションと呼ばれ，ゲームの手法を，読書の促進や図書館利用の周知につなげています。本書で扱うゲームとは異なりますが，簡単に触れておきたいと思います。

ビブリオバトルは，2007年に京都大学の研究員であった谷口忠大さん（現・立命館大学准教授）らによって始められました。各人が持ち寄った本を，5分間といった制限時間内に紹介し，どの本が一番読みたくなったかを投票し，最も人気の

ある本を「チャンプ本」とする取り組みです。ビブリオバトルを通じて，書籍情報を共有したり，コミュニケーション能力を育んだりすることが狙いです。ビブリオバトルの公式ウェブサイト（http://www.bibliobattle.jp/　最終アクセス：2018年2月28日）によれば，全都道府県で開催されていることを確認することができます。実に30％を超える大学で実施されているということです。

　脱出ゲームも，図書館でよく開催されるようになりました。脱出ゲームとは，まず閉鎖された空間に入り，ヒントを与えられて謎解きをしながら，外部に脱出するというゲームです。もともとは脱出を目的とするデジタルゲームが多かったのですが，2007年ごろから，現実に閉じ込められた場所から脱出するというゲームが，若者を中心に大変な人気を博しています。火つけ役といえる「リアル脱出ゲーム」を商標登録している㈱SCRAPなどによって，全国的にイベントが開催されており，常設のイベントルームもあります。人気ゲームやアニメなどとのコラボレーションも盛んに行われています。ショッピングモール，遊園地，公共交通機関，書店，大学などでも開催されるようになりました。図書館には，2015年ごろから導入されていきました。謎を解く中で分類法の知識が深まったり，図書館の利用法がわかるようになったりするなど，図書館で行う脱出ゲームならではの特長があります。

　これらの企画では，ゲームの手法を活かして，読みたい本が見つけたり，図書館の機能を学んだりしているのです。

（井上奈智）

2章 事例集

2.1 おおづ図書館のボードゲーム館外貸出

　図書館でのボードゲームの館外貸出については，熊本県にある，大津町立おおづ図書館の事例が参考になります。おおづ図書館は，2018年4月から，ボードゲームの館内利用サービスと館外貸出サービスが開始しました。米軍基地にある図書館などは除き，日本にある公共図書館では，初めての試みだと思います。どのような経緯でボードゲームを貸出することにしたか，また，実際の運用方法を詳しく紹介していきます。

(1) おおづ図書館とボードゲームの出会い

　おおづ図書館は町による直営です。今回，ボードゲーム貸出を進めた館長の大隈寿美代さんは，2016年4月，図書館に配属になりました。当初から，今までの福祉などの経験を活かして，関係機関との連携を図りながら，「子どもたちの居場所」としての図書館の活用を模索していました。

　ボードゲームを取り扱うきっかけとなったのは，大津町小中学校司書部会（町内小・中学校と公共図書館で働く司書の連絡会議）に，大隈館長が出席した際，筆者と学校司書が企画した大津北中学校のテーブルトーク・ロールプレイングゲーム

(TRPG) 企画 (2.3) の資料を目にしたことです。子どもたちへのアプローチのひとつということで興味を持ち，企画した学校司書から話を聞き，実際に見てみることになりました。

　たまたまそのすぐあとに，筆者が大津北中学校でTRPG企画を行う機会があり，大隈館長に見学してもらいました。その際，ボードゲームを体験した子どもたちの喜び方がとてもよく，「図書館で活用できる」と思ったそうです。とにかく一度，おおづ図書館でもやってみようということで，筆者が呼ばれて，まず図書館スタッフに体験してもらいました。これはとてもよいことで，最初に現場で働くスタッフの理解を得るのは重要だと考えています。実際にスタッフの経験を通して理解してもらえたことで，おおづ町図書館でボードゲームイベントを開催することができました。その際も子どもたちの反応がとてもよかったため，図書館だけでなく，町全体で子どもたちを支援するのによいツールであると大隈館長は評価し，図書館でボードゲームを貸出することになりました。館内利用にとどまらず館外貸出までサービスを広げたのは，前述の福祉などの経験から，大隈館長が「家族団らんの時間」の重要性を感じており，家庭内交流の手助けになればという思いからです。以上のような流れで，日本初の図書館によるボードゲームの貸出が実現しました。

(2) 法規と予算

　次に，貸出をするための事務手続きですが，ボードゲームの運用の仕方によっては，条例，規則，規程のいずれかを改正する必要があります。おおづ図書館では，図書館の利用規程（いわゆる内規）を改正し，ゲームを貸出するための条文を

追加しました。大津町の図書館協議会に諮って，協議会の承諾を得た後，教育長の決裁を受け内規を改正しました。なお，著作権法との関連は，3章のQ4（p.107）をご参照ください。

どの予算で購入するかということに関しては，自治体や図書館を運営している組織によって違うと思います。現在おおづ図書館で所有しているボードゲームはすべて寄贈品ですが，来年度は雑誌と同様の消耗品費で予算要求する予定です。消耗品費で購入する予定の理由などは，3章のQ3（p.105）をご参照ください。

また，おおづ図書館で使っているシステムで，ボードゲームを資料として管理・登録ができること，各種統計が出力できること，必要なシステム変更に対応できることなども事前に確認していました。

図表1　図書館ホームページでの検索（スマートフォン版）

2章　事例集……15

(3) ボードゲームの購入（収集）

　自治体や運営団体それぞれの購入方法があると思います。本と同じように，地元の店で購入する，複数の店から見積もりを取るなどです。しかし，そもそもボードゲームを販売しているお店がない地域もあると思います。筆者の知っている範囲ですと，東京都にある有名なボードゲームショップすごろくや（https://sugorokuya.jp/ すごろくやホームページ，最終アクセス：2018年4月2日）は，行政特有の購入手続きに対応しており，インターネットを通じて販売しているので，購入がしやすいと思います。

　ゲームの選定については，筆者がつくった図書館用おすすめボードゲームのリストを参考にして，決めてもらいました。リストをつくる際に，以下のことに気をつけました。

・小さい子から大人までサービスを受けるのを想定して，対象年齢が片寄らないこと。
・ゲームとして面白いこと。
・読書に誘導できるなど，ほかのサービスに展開できること。
・購入が容易であること。

　おおづ図書館では，寄贈されたボードゲームが届いたら，まず所蔵しているボードゲームの一覧表をつくりました。館外貸出・館内利用の対象となるボートゲームは，全18種類です。郷土資料の「大津町史跡カルタ」も入っています。図表2に書いてあるとおり，ボードゲームには館内で使える館内専用のものと，館内利用と館外貸出ができるものがあります。これは，ボードゲームに使用する部品の数や種類，遊び方に

よって分けています。部品数が多く紛失の可能性が少なくないボードゲームで、もし紛失した場合に代用品などに代えることができない、もしくは部品を1個でも紛失したらゲームが成立しないボードゲームは、館内利用専用にしています。逆に、多少の部品が紛失しても遊ぶことにそこまで支障がないものは、貸出可能にしています。

図表2　おおづ図書館ボードゲーム一覧（2018年4月開始時点）

(4)　図書館の資料とするための整備（装備）

装備は、実際に現場で対応する図書館スタッフの皆さんが話合いを行い、非常に丁寧にすることにしました。ボードゲームの部品（ボードゲームでは、一般的に「コンポーネント」と呼びますが、ここではわかりやすく部品という言い方をします）がどれだけ入っているかというメモをつくり、本体を入れる袋に

添付しました。このメモは，ボードゲームを入れる袋に貼ってあり，使用した人が確認してから返却するのに使います。

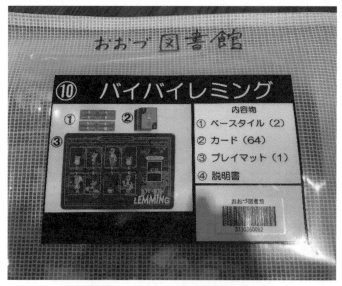

図表3　ボードゲームを入れる袋の内容物のメモ

そして，細かい部品すべてに，「おおづ図書館」と名前が入れています。部品だけが見つかっても，図書館が所有するボードゲームの一部であるということがわかるようになっています。

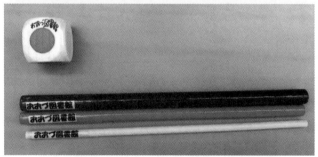

図表4 部品に「おおづ図書館」と記載

(5) 実際のサービス

　館外貸出の期間は，15日以内です。館内利用は当日返却です。利用できるのは，館外貸出の場合，図書館の利用カードを持っており，町内在住の人です。館内利用は，利用カード

を持っている人です。いずれも，利用点数は，1人1点としています。

　図表2のボードゲーム一覧表がカウンターに設置してあるので，利用したい人はそれを見て選びます。

図表5　カウンターでゲームを選択

図表6　カウンター内に配架

配架場所は，カウンター内のスペースです。

　返却時のチェックはカウンターで行います。サービス開始後数日の時点では，「長くても数分程度で確認できるので，今のところ大きなトラブルはない」と聞いています。

　図書館のスタッフは，ボードゲーム一覧のメモを元に簡単なゲームの説明はしますが，遊び方は各自で説明書をみてもらいます。

　紛失や破損があった場合は，いきなり弁償ということではなく，事例ごとに判断します。

　購入場所を聞かれたら，インターネットの販売店などで購入できるということは伝えますが，具体的な店名などは出しません。本と同じでよいと思います。

　サービスの開始の際に，町の広報誌と図書館のホームページで広報をしました。今後，大津町内の小・中学校や高校の図書館を通じて周知する予定です。

　今後も新しいゲームを随時追加していく想定ですが，具体的にどのゲームを購入するかは，これから決めていくということです。

(6) まとめ

　以上のように，おおづ町図書館によるボードゲームの館外貸出が実現しました。筆者も少しだけサポートしましたが，これが実現できたのは，図書館スタッフが現場の運用方法を深く検討し，実際に丁寧な作業をやりきったことです。そして，子どもたちが図書館にくるようになってほしい，町全体で子どもたちをサポートして，居場所をつくりたいという，大隈館長の熱意と行動力があってのことだと感じています。

大隈館長を通じて，筆者もいろいろな人とつながりました。町内の学童保育施設ほかいろいろな団体の人に，ボードゲームの説明をし，体験してもらいました。その甲斐もあって，町が運営している教育支援施設で，ボードゲームを購入する予定があると聞いています。依頼を受けて，熊本地震の仮設住宅などに，ボードゲームを持参して体験してもらう機会も得ました。

　学童保育施設や教育施設で体験したボードゲームを，もっと遊びたいと思ったときに，より長い時間開いている図書館で遊ぶことができます。図書館でボードゲームを借りて帰って，家で遊ぶこともできるので，家族の交流の時間を生み出すことができると考えています。

　中学生や高校生自身によって，図書館でゲームを使った企画を行うなど，図書館だけでなく，町の学校，いろいろな施設，団体との連携を考えていて，実際にそのようになってほしいと願っています。

　ボードゲームを図書館で遊んだ方や，借りた方からは，「久しぶりに子どもと一緒に遊んで，時間を忘れました」「家族間のコミュニケーションを取ることに役立った」「親子で楽しめるのがよいですね」「私の中学校でもやってほしい」「買ってみたいと思っていたので，事前に遊べてよかった」「子どもが小さいが，思った以上に楽しめた」という感想をいただきました。

　ボードゲームは知らない人たち同士が遊ぶことが多いのですが，小さい子から年配の方までゲームを通じてすぐに仲よくなり，楽しそうに交流されていました。状況によっては盛り上がりすぎて館内に声が響き，落ち着いてもらうこともあ

るほどでした。

　勤務されている司書の方もよい反応に手ごたえを感じており,「お客様に遊び方を聞かれたときに,どのように説明するといいでしょうか？」という嬉しい質問もいただきました。

　大隈館長は,ボードゲームをきっかけに来館してくれた後,ボードゲームと本や読書とどうつなげるかというのは,司書が頑張るところと考えています。筆者も同じ意見ですので,司書の方が情熱を持ってボードゲームに接してくれているのは本当に嬉しく,また,頼もしく思います。ボードゲームには文化的な価値があり,図書館で収集・保存する文化そのものです。私としては,さらに踏み込んで,ボードゲームをきっかけに本に触れて,より世界を広げてほしいという思いがあります。いろいろな図書館で,ボードゲームを使ったさまざまな取り組みが増えることを期待しています。

（高倉暁大）

コラム

大阪府立中央図書館 ボードゲームイベントでの企業協力

　大阪府立中央図書館では,ボードゲームを用いたサービスを展開しています。2017年の夏休みに,館内のミーティングルームを,囲碁や将棋,ボードゲームで交流できるコミュニティスペースとして開放したことに伴い,2017年10月29日を皮切りにこれまで5回,ボードゲームイベントを開催しています（2018年8月現在）。

　現在,多くの図書館でボードゲームイベントが開催されています（p.96を参照）が,大阪府立中央図書館のイベントの

特徴としては，ボードゲームの販売を試験的に実施していることが挙げられます（2018年度は実施しておらず今後に向けて検討中です）。図書館において，既製品を販売する行為は，根拠法規や売上金の扱いなど，乗り越える課題が多いため，通常はハードルが高いと考えられています。大阪府立中央図書館が達成できたのは，直営と指定管理者によって，図書館が運営されていることが背景にあります。図書館サービスは直営によって行われており，指定管理者は，建物管理や清掃，食堂運営などを担います。ボードゲームの販売は，指定管理者の管理下で行われました。

　ボードゲームを用いたサービスの目的は，普段図書館に来ない方に，まず，図書館に足を運んでもらいたいこと。そして，イベントを通じてコミュニティが生まれたり，読書など他のサービスにつなげたりすることです。当初は，夏休みにコミュニティスペースで館内利用ができるようにしました。しかし，そのスペースが建物の奥の方にあり，サービスの存在に気がつかない利用者もいました。そこで，ボードゲームイベントを開催することで，多くの方にアピールする機会としました。

　大阪府立中央図書館のボードゲームイベントは，メーカーなどの関連企業やサークルも交えて開催しています。「キウイゲームズ」（大阪市），「ホビージャパン」（東京都渋谷区），「グループSNE」（神戸市）の協力を受けています。キウイゲームズは，ボードゲームの販売や遊び場を提供する地元大阪の企業です。ホビージャパンは，ボードゲームのメーカーであり，小売業者であり，専門誌の出版なども手がけています。グループSNEは，神戸に拠点を置くゲームデザイナー・作家集団です。イベントを開催する図書館にとっては，ショップやメーカーは，ボードゲームの知見に深く，また接客のプロですので，イベントをともに運営することができます。ショップやメーカーにとっては，図書館でのイベントを通じて，マーケットが広がること，その場で直売できることが大きなメリットになります。

　イベントに先だって，ボードゲームに詳しい職員が講師を務め，研修を重ねました。スタッフがゲームの説明を行い，ゲームの進行を管理できるようになりました。ゲームイベントでは，図書館職員，指定管理者，外部協力者が，それぞれ

各テーブルに置かれたゲームの担当を務めます。ボードゲームには難易度があります。スタッフの中で慣れている人が比較的難しいゲーム，そうでない人は比較的シンプルなゲームを担当しています。イベントのチラシには，所要時間，プレイ人数，難易度が書かれており，参加者は自分に合ったゲームで遊ぶことができます（図）。

```
‡カタンの開拓者たち‡    ⏱60-90分    👥3-4人    □難易度 ★★★
◆ 「カタンの開拓者たち」のミソは交渉！道や街の建設に必要な資源の供給が偏るので，
  ウィンウィンの交渉を多く成立させた者が勝利します。数十か国に翻訳，「ドイツ年間ゲーム大賞」
  他各国で受賞。ボードゲーム再流行のきっかけとなった名作。

‡ねことねずみの大レース‡    ⏱20-30分    👥2-4人    □難易度 ★☆☆
◆ かわいい木製のねずみ達が，ねこから逃げてより遠くにある大きなチーズを目指します。
  簡単なのに考えどころがしっかりあって，おとなとこどもが一緒に楽しめます。
  2003年ドイツ・キッズゲーム大賞受賞作です。
```

図　「第3回 図書館でボードゲームをする日」のチラシから抜粋

使用するボードゲームは，図書館の備品ではありません。職員と外部協力者（ショップ，メーカー，サークル）による持込みで，比率はおよそ半々です。

1回のイベントでは，多いと120人を超える方が参加しており，会場のスペースが狭く感じるくらいの大盛況です。視覚障害者や発達障害者の参加も見られます。大阪府立中央図書館のウェブサイトやTwitterのほか，協力企業も広報したこともあってか，普段図書館を利用しない多くの参加者が足を運びました。当初の目的は達成されました。今後は，読書など他のサービスにつなげていくことに取り組んでいくということです。

「都道府県」図書館として意識していることは，府内の図書館が同種のイベントを開催する際のモデルケースになることです。府内各館へアンケートを実施して情報収集し，参加者や図書館へ情報提供もしています。堅い印象を持たれる大規模館がイベントを実施することで，図書館がゲームを扱うことについて，世間あるいは自治体の理解の一助になれば，と考えています。

（井上奈智）

2.2 高校でのボードゲームを使ったコミュニケーション研修

2018年2月,福岡市立博多工業高校で,学校内のセミナーハウスに宿泊して行う各種研修の一環として,「第1回図書委員宿泊研修会」を実施しました。その中で,本項で扱う「ボードゲームを使用したコミュニケーション研修」,2.7で紹介する「FGO関連本でのビブリオバトル(スマホゲームを使った読書推進)」を行いました。それぞれ別の時間に別の科目として開催しましたので,片方だけ参加する生徒,両方参加する生徒のどちらもいました。

まず前提として,博多工業高校は図書委員会の活動がとても活発です。ビブリオバトルの公式大会へ出場したり,筆者を招待してTRPGを軸とした他校との交流会を開催したりしています。

そのTRPG活動を通じて,筆者と生徒たちの間には十分な信頼関係があり,その信頼関係をベースに,この研修会を開催することができました。

先だって2018年1月に,博多工業高校でTRPG企画を実施しました(2.3(8) 各地の事例の③)。そのときに,ボードゲームも体験してもらい,コミュニケーションツールとしての有用性を伝えた上で,今回の企画を提案し,開催する流れとなりました。

ボードゲームの有用性を外部に発信する際の実例のひとつとして,また,学校図書館でのボードゲーム企画の参考にしてもらえると嬉しく思います。

この企画では,コミュニケーションツールとして,特に有効であると思われる,以下の3種類のボードゲームを使用し

ました。

・「ボブジテン」（TUKAPON，2017）
・「ディクシット」（ゲームデザイン：ジャン=ルイ・ルービラ，国内販売元：ホビージャパン，2008）
・「はじめての人狼」（㈱アークライト，2013）

参加者は 20 人程度でした。部屋の中央の机にボードゲームを置いて希望者に遊んでもらい，筆者が解説をしながら残りの人たちは周りで見るという形を取りました。

図表 7　ゲーム開始前に説明をする様子

（1）　「ボブジテン」　言葉によるコミュニケーション

最初に使用したのは「ボブジテン」です。これは「言葉によるコミュニケーション」を軸にしたゲームです。カードに書かれたカタカナの言葉を，1 人がカタカナを使わないで説

明して，残りの人たちはカードに書かれた言葉が何かを当てるというものです。例えばカードにショートケーキと書いてあった場合，カードを引いた人が「それは甘くてやわらかい食べ物です」「色は白いです」とヒントを出し，ほかの人がいろいろ考えて当てることを目指します。

　ヒントを出すときに，「カタカナを使うことができない」というのがポイントです。この制限された状態というのが非常によくできた部分です。例えば「ハッカー」という言葉を説明するときに，「え〜と，パソコンを使って悪いことを……あ，パソコンって言ってしまった」とついカタカナ語を使ってしまいます。

　このゲームを遊ぶことで「制限された状態で相手に言いたいことを伝える」状況を体験することができます。筆者から生徒には，「制限された状態で話すことはないと思うかもしれないけれど，例えば専門的な仕事についたとき，知らない人に専門用語を使わないで内容を説明する，ということはよくあります。言葉が制限された状態で，いかにわかりやすく言い換えるかを意識してみてください」と伝えました。

　もうひとつはコミュニケーションに関係することではありませんが，「いかに日本語の中にカタカナ語が浸透しているか」というのを実感してもらう目的もありました。このように，ボードゲームを使ったコミュニケーション研修では最初にこちらの目的を伝えて，体験してほしい部分を明確にした上で行いました。

　実際にゲームが始まると，制限された状態でのコミュニケーションの難しさや奥深さを感じながら楽しく遊んでもらいました。この体験を通じて「言葉によるコミュニケーション

の難しさ」を実感できたと思います。

　課題としては，最大でも8人までしか参加できないゲームなので，ほかの人は周りで見ているだけという状態になります。今回の企画で使用したすべてのゲームに共通することです。対策としては，チームを組み2人で一役するなどして，参加できる人数を増やす，周りで見学している生徒に積極的な声をかけてなるべくゲームから漏れないようにしました。ただ，参加型の企画で20人を1人のスタッフでまわすというのは，少し難しい部分がありました。

(2)「ディクシット」 感性・共感によるコミュニケーション

　次に使用したのは「ディクシット」です。これは「感性・共感によるコミュニケーション」を軸にしたゲームです。Dixit はラテン語で「(彼が) 言う」という意味です。各プレイヤーが6枚のカードを持ちます。カードにはさまざまな絵が描かれています。語り部が，手元にある1枚から発想できる物語や言葉を発表し，カードを裏面にして場に出します。ほかのプレイヤーはその物語・言葉のイメージに合うカードを裏向けて出します。語り部はカードをシャッフルして表向けにします。語り部以外のプレイヤーは，どのカードが語り部のカードかを予想して投票します。語り部は，全員当たりと全員外れ「以外」の場合に，得点を得ることができます。つまり全員が連想できない物語ではいけませんし，全員が容易に当てられる言葉でもいけません。数人が「わかる」物語や言葉を発表するのがポイントとなるゲームです。

　インターネットで「ディクシット　動画」で検索するとルール説明の動画が出てきますので，興味のある方はそちらも

図表8 さまざまな絵を用いて物語や言葉を発想する
「ディクシット」

参考にしてください。

　このゲームは「仲よくお互いがわかっているつもりの人でも，意外な一面がある」「感性や考え方は人それぞれである」というのを実感してもらう目的で選びました。

　生徒には「いつも仲がよくて言葉がなくてもわかり合っていると思っている友人の，新しく意外な一面を知ることができると思います。人にはそれぞれいろいろな面があるということと，感性を主としたコミュニケーションの面白さを感じてください」と伝えて遊んでもらいました。実際に遊んでもらうと，

　「○○君なら，絶対この絵でこの言葉を連想すると思った〜」
　「え!?　なんでこの絵でこの言葉を連想したの？」

と，わかっていると思っていた人の意外な一面や，人それぞれの感性の違いを体感できました。「この人はこういう人だ」という思い込みにとらわれていることや，近い感性の人がいることを知る楽しさを体験できました。

図表9 ゲーム中の様子

また，このゲームは終わった後の感想を通じても，楽しむことができます。「なぜこの絵で，この言葉を連想したのか？」と話し合うことで，より深くその人の考え方や感性を知ることができて，のちの交流の深みにもつながります。

今回も感想の時間は大変盛り上がり，予定時間を大幅に超えるほどでした。

別の企画で，「ディクシット」を用いたときは，1枚の絵から独自の物語を考え始める小学生（高学年）もいました。

コミュニケーション能力の向上だけでなく，異なる発想を

する他者の存在を知ったり，物語を発想し創造したりするなど，公共図書館や学校図書館でのボードゲーム企画にピッタリのゲームです。

(3) 「はじめての人狼」　コミュニケーションの難しさ

　最後は「はじめての人狼」を遊ぶ予定でしたが，前の2つで盛り上がり，時間が足りずできませんでした。「ボブジテン」で言葉によるコミュニケーション，「ディクシット」で感覚的なコミュニケーションを体感し，最後にそれらを総括して，コミュニケーションの難しさや面白さを，「はじめての人狼」で知ってもらう予定でした。残念ながら時間の都合でできませんでしたが，私が企画で考えていた狙いや注意点など

図表10　「はじめての人狼」の役職カード

を書いていきます。

　人狼ゲームとは，10人程度のプレイヤー内にいる数人の人狼役を会話によって特定するゲームです。基本的なルールは共通していますが，いろいろな人狼ゲームが遊ばれています。詳しいルールやバリエーションを知りたい場合は，「人狼ルール」などでインターネット検索をしてください。

　人狼ゲームを題材とした小説・漫画・映画が展開され，動画投稿サイトでは芸能人・プロ棋士・劇団員らが人狼ゲームを遊ぶ番組が放送されるなど，ここ数年にわたり根強い人気を持つゲームです。

　今回は，初心者向けの「はじめての人狼」を用意していました。役職カード（役割を示すカード）が配られますので，ほかのプレイヤーに見られないように確認します。ゲームでは，7分程度の話し合いの時間を経て，どのプレイヤーが人狼なのかを全員で投票し，多数の票が集まったプレイヤーはゲームから追放されます。

　人狼役はばれないように嘘をつくので，人狼役でもそうでなくても「自分は人狼ではない」ということを言葉で説得しなくてなりません。ここが難しくも楽しい部分で，自分のことばかり話していてもダメですし，人の話に耳を傾けつつ自分の意見をはっきり言うことが求められます。もし自分が人狼であれば，自分以外の誰かを人狼だと思わせてそのプレイヤーに投票を集めることが必要になってきます。

　「人の意見を聞きつつ自分の意見を言い，周りを説得する」という手法は，さまざまな場面，例えば就職活動でのグループディスカッションなどに生かすことができます。そのためには，落ち着いてわかりやすい口調で話す，人が話している

ときに積極的に聞く様子を見せるなどの技術が必要です。ゲームを通じて、こういった実践的なコミュニケーション技術を身につけてほしいという思いがありました。

　もうひとつの目的は、「どんなに正しい理屈を言っても、言う人やその場の雰囲気によって聞きいれられないことがある」状況を経験してほしいということです。現実に、人は理屈のみで動くわけでない状況がしばしばあります。これから社会に出て行く生徒に、人を説得する、わかってもらうことの難しさやちょっとした不条理を、ゲームを通じてあらかじめ知ってほしいという思いがありました。

　人狼ゲームは、嘘をつく、ゲームから除外する人を投票で決める（通常は、誰が誰に投票したのかわかります）というルールの性質上、きちんとその場を見ておく管理者がいないとトラブルになる場合があります。例えば、ゲーム中のプレイとはいえ、「〇〇君が私のことを信用してくれなかった」などと、信用されない、疑われるというのは精神的に負担がかかります。実際に「理屈は正しいが周りが信じてくれなかった」ということで、ゲーム中に中学生が泣いてしまった例があります。公共図書館でのボードゲーム企画のような、普段からつながりがない人たちが突発的に集まって形成されたメンバーで行った場合よりも、学校などその後もつながりがあるコミュニティの方が、トラブルになると尾を引く可能性があります。

　筆者は図書館でのボードゲーム企画では、人狼ゲームをベースにしたゲームはあまり行わないようにしています。今回は高校生ということで採用しましたが、以下の注意点をゲーム前とゲーム中に頻繁に伝える予定でした。

・強い言葉を使わない，疑ったり否定したりするときも丁寧な言葉を使う。
・人を指すときは指でなく手のひらで行う。
・投票でゲームから排除されることを「死ぬ」「処刑」と表現する場合もあるが，追放したと言い換えるなど，表現をソフトにする。
・疑われたり，投票されたりしても，あくまでゲーム中のことなので気にしなくてよいし，ゲームであることを常に意識する（特にこれを徹底するつもりでした）。

　人狼ゲームは中高生に人気がありますが，管理者には一定のスキルと注意が必要です。時間の都合で今回はできませんでしたが，上記のような運用を考えていました。

(4) まとめ

　楽しく遊んでコミュニケーションスキルを身につけてもらいたいという目的で行いましたが，おおむね成功だったと思います（時間設定のミスはありましたが）。ボードゲームという遊びを軸にしているので，基本的には楽しく盛り上がりつつ研修は進みましたが，筆者が大事な話をするときなどは，生徒たちはキチンと聞いてくれました。ここの生徒のほとんどは卒業後に就職しすぐに社会に出ることもあり，生徒もコミュニケーション技術の重要性を理解しているようでした。楽しく遊びながらも「これは自分たちに必要な技術である」というのがわかっているので，聞くべきところはちゃんと聞くのだろう，というのが先生の見解でしたが，これは筆者も強く感じました。

図表 11　研修に参加してくれた生徒たちと

　今回，筆者の企画が成功したのも，ひとえに生徒の真剣な心構えが根底にあったからだと思っています。ボードゲームに限らず，ゲームを使用した企画は，参加者が集めやすく満足度も高いので，とりあえずの成功としてそこで止まりがちです。しかし，図書館企画や学校企画として行う以上，読書への誘導や生涯学習へのきっかけ，何らかの気づきにつながることで，参加者の人生がより豊かになるようにしたいと考えています。
　　　　　　　　　　　　　　　　　　　　　　　　（高倉暁大）

2.3 熊本県大津北中学校での TRPG 企画

　2015 年から，熊本県の大津北中学校で TRPG を使った読書推進活動を数回にわたり行っています。筆者は当時，公共

図書館に勤めており，学校図書館のことは詳しくありませんでした。学校司書と地区の図書館交流会で顔見知りになっており，「子どもたちにもっと学校図書館に来てほしいが，最近の子は忙しく難しい」という雑談をしていました。筆者が「TRPGという遊びは読書と相性がよく，ゲーム世代の生徒たちに受けるかもしれない」と提案をしたところ，ぜひ実施しよう，となりました。学校への許可の取得や生徒の募集などを学校司書が，当日のイベント運営を筆者が行いました。

まずTRPGという特殊な遊びについて説明します（1章の「1.4 TRPG」(p.4) もご参照ください）。

TRPGとは，テーブルトーク・ロールプレイング・ゲームの略で，複数の参加者同士がシナリオをもとに物語を組み立てていく遊び（ゲーム）です。

ゲームは，司会進行などをするゲームマスター（GM）とプレイヤーに分かれて行います。世界観の説明やゲームのルールなどは，ルールブックと呼ばれる市販の本に書かれており，GMはルールブックを事前に読み込む必要があります。

実際に机を囲み，GMの出す課題をプレイヤー全員で話し合いながら解決していきます。

例えば，GMが「君たちの前に恐ろしい竜が立ちはだかった」と言うと，プレイヤーはその情景を想像し世界観を共有します。この「想像の世界を共有する」ということが「想像しながら読書をする」ことにもつながると考えています。TRPGにはさまざまな種類があり，「現代を舞台にしたホラー」，「ファンタジー」，「温泉旅行」のほか，「パンをつくる場面」（TRPG「ブーランジェリは大忙し」の題材）など多種多様で，空想世界での冒険や日常の追体験が魅力のひとつとなっています。

図表12 TRPGを遊ぶ様子

　今回は，剣と魔法のファンタジー世界を舞台にした「ソード・ワールド2.0」を使用しました。ドラゴンやエルフが出てくる「指環物語」シリーズのような世界をイメージしてもらえるとわかりやすいと思います。

(1)　具体的な企画の進め方
　事前に筆者が中学校の図書館に遊びに行き，生徒たちと雑談をしながらTRPGの説明をし，生徒の信頼を得つつ興味を持ってもらいました。
　その後，学校司書に募集をかけていただき，希望者を集めて行いました。
　ルールブックはファンタジーが舞台である『ソード・ワールド2.0ルールブック　1　改訂版』を使用しました。1回目は夏休みに2日間で行いました。

図表 13　『ソード・ワールド 2.0 ルールブック 1　改訂版』
（北沢慶，グループ SNE 著，富士見書房，2012）

　通常 TRPG を遊ぶときは，シナリオの長さにもよりますが3～4 時間ほどかかります。ですが，最近の生徒はとにかく忙しく 1 日で 3～4 時間を取るのは難しいということで，2 日に分けて行いました。

　TRPG では，最初に，自分の分身となるキャラクターをつくってもらいます。1 日目にキャラクター作成，2 日目に実際に遊ぶという流れにしました。

　キャラクターの作成ですが，例えば「ソード・ワールド 2.0」の場合は，エルフの魔法使いであったり，ドワーフの戦士で

あったり，ルールブックを基にその世界観にあったキャラクターをつくります。

　自分の分身となるキャラクターづくりはTRPGの魅力のひとつで，丁寧につくると2時間ほどかかりますが，大変楽しい時間です。最初から用意されたキャラクターを使って，時間短縮をすることもできます。

　今回の企画では，図書館の利用促進という目的もあるので，キャラクター作成時に図書館の本を使用しました。自分のキャラクターが着ている服や鎧，剣などを具体的に想像してもらえるよう，『図説中世ヨーロッパ武器・防具・戦術百科』（マーティン・J. ドアティ著，日暮雅通監訳，原書房，2010）や，『ファンタジー世界用語事典』（小谷真理監修，辰巳出版，2015）などを見てもらいました。また，このことを通して，図書館では調べ物（レファレンス）ができることを伝えられました。

　今回はGM1人に対して，プレイヤーは4人のチームで遊びました。プレイヤーは全員未経験者，GMは経験者です。

　実際にゲームが始まると，最初こそ少し迷っていましたが，GMが出す課題（道が分かれている，怪物らしき物が現れたなど）に対して「進もう」「いや，いったん立ち止まって調べよう」と，チーム内で相談し意見を重ねてゲームを進めました。

　TRPGの効果として，おとなしい人もコミュニケーションが自然に取れるということがあります。TRPGを使った特別支援教育なども報告されています（藤野博編『発達障害のある子の社会性とコミュニケーションの支援』金子書房，2016）。

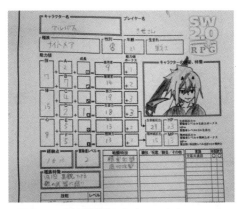

図表 14　生徒が作成したキャラクターシート

図表 15　辞書を引きながらルールブックを読む生徒

　今回は，ルールブックに載っている，町外れの廃墟に行き宝物を取ってくるという基本的なシナリオを遊んでもらいました。みんなで協力し，無事に宝物を持ち帰ることができました。

生徒たちは，口々に「楽しかった！」と言ってくれて，みんなが想像の世界での冒険を満喫してくれたようでした。

(2) TRPGの後はブックトークへ

さて，図書館の資料を使用し楽しくTRPGを遊んでもらえたのは結構ですが，ここでもう一押しして読書へとつなげたいと思い，ブックトークを行いました。

TRPGを遊んだ後だとより楽しめる2冊を紹介しました。

・『ロードス島戦記：灰色の魔女 新装版』(水野良著, KADOKAWA, 2013)

ファンタジーのライトノベルの名著にして，TRPGで遊んだ様子を元にして書かれた小説なので，ファンタジーのTRPGを遊んだ後に読むとより一層楽しめる小説です。30年近く前の古い小説ですが新版も出ており，名著ならではの時代を越えた面白さがあります。

・『南総里見八犬伝　第1の物（妖刀村雨丸）』(滝沢馬琴原作, 浜たかや編著, 山本タカト画, 偕成社, 2002)

古典の名著ですが，仲間を集めつつ悪者を倒す旅をするというのはとてもRPGらしさがあります。子どもたちに，今みなさんが楽しんでいるゲーム・マンガ・アニメなどのルーツは古典にあると話すと，とても興味を引いてくれます。

(3) 会場の展示物

学校図書館や公共図書館でのTRPG企画では，毎回，展示にはかなり力を入れています。参加者が想像の世界に入っていけるように，ゲームの世界観にあった現物，例えば剣・魔

道書・実物大のキャラクターパネル・魔法陣・フィギュアを展示します。図書館資料の利用を喚起するポスターを掲示したり，関連図書を並べたりするなど，いろいろな角度から図書館とTRPGをつなげるようにしました。

図表16　さまざまな展示物

(4) 反響

　図書館でのTRPG企画を，Twitterで発信したところ多くの反響をいただきました。「読書へのよいきっかけになる」「遊びではないのか？」などいろいろな意見があり，勉強になりました。実際にTRPGをつくっているゲームデザイナーの坂東真紅郎さんからは，「ルールブックを図書館におくことで購入者が減ることを危惧しないわけにはいかないんだけど，興味をもつ人，遊んでくれる人が増えることは単純に喜ばしいことですね」という意見もありました。また，有志が，Twitterの発信や意見をまとめて，企画の流れや反響がわかるまとめサイトをつくってくれました。こちらもご覧ください。

中学校図書館で「読書推進のためのTRPG体験会」
(https://togetter.com/li/914115)（最終アクセス：2018年3月20日）

(5) 第2回以降に起きた変化

　1回目の話が口コミで伝わったり，学校司書の声かけもあったりしたことで，2回目以降は参加人数が増えていきました。

　このときくらいから，TRPGを知っているという子どもも増えてきました。彼らに詳しく聞いたところ，動画投稿サイト（ニコニコ動画，YouTube）で見て興味をもったという生徒が多数いました。

　その時点では，動画投稿サイトとTRPGの関係については知りませんでした。その後調べたところ，2012年ころから盛り上がり，一旦ピークを迎えましたが一定の人気は継続しており，今では定着したコンテンツのひとつとして認識されて

います。

　また，動画投稿サイトから人気が出たTRPGに「クトゥルフ神話TRPG」というものがあります。これはアメリカの古典怪奇小説が元になっており，近代を舞台にしたホラーTRPGです。ホラーという人気のある世界観，秀逸なTRPGのシステム，動画投稿サイトとの相性のよさなどが相まって，今はとにかく「クトゥルフ神話TRPG」が人気です。

　動画投稿サイトからTRPGの存在を知ったいわゆる「動画勢」には，TRPGといえばクトゥルフと認識している子どもも多くいます。

図表17　『クトゥルフ神話TRPG』(サンディ・ピーターセンほか著，中山てい子，坂本雅之訳，エンターブレイン，2004)

　生徒たちの希望もあったので，2回目以降は「ソード・ワールド2.0」と「クトゥルフ神話TRPG」を使用しました。

　子どもたちから読書の時間を取っていると思われている動画投稿サイトですが，見せないという方向ではなく，そこをキッカケにして読書や図書館への誘導ができればと考えてい

ます。

3回目は,スタッフや見学者を合わせて20人以上の参加がありました。学校図書館のスペースやスタッフが対応できる人数を考えると,上限ギリギリになるという大変ですが嬉しい状況でした。ですが,学校図書館で行うイベントなので,平日の昼から夕方までの開催となり,スタッフの確保に大変苦労しました。

このころくらいから「GMをやってみたい」という声が生徒たちから上がりはじめたので,希望する5人に「GM入門講座」を学校図書館で行いました。

図表18 GM講座で使用した資料(一部)

GMを受け持つと,自分で物語(シナリオ)を考えることが多くなります。シナリオの書き方や表現・発言方法などを伝えるときに,図書館の資料を活用しました。

また,ゲームを進めていくにあたってルールブックで細かい部分を確認するときがありますので,目次から目的のページを探す方法など,TRPGを通じて,調べ学習を体験するこ

ともできました。全体としての GM 講座は成功だったと思いますが，一部うまくいかない部分もありました（「(7) 課題」で後述します）。

(6) TRPG を通じた活動で得たもの

数年にわたる中学校での TRPG 活動では，大きな収穫がありました。

① 学校図書館へのポジティブなイメージの形成

図書館は楽しい場所であるというイメージがつき，その後の来館につながりました。「クトゥルフ神話 TRPG」では，学校図書館を舞台にしたシナリオを遊んでもらったので，1年以上経っても「あそこの窓に（TRPG の中で）手形が出てきたんだよね」と，楽しそうに語ってくれます。

② 来館者数の増加

今まで図書館に来なかった層へのアプローチと，すでに来ていた既存ユーザーの来館回数が増えました。

③ 学年を越えたコミュニティの形成

部活のようなキッチリとした上下関係ではなく，同じ趣味をもつもの同士が学年を越えてコミュニティをつくることができました。担当の先生の感想によると，学年を越えたゆるいつながりは大変素晴らしいことだそうです。

④ 文化祭での発表への結実

TRPG を通じて形成されたコミュニティで「文化祭で

TRPGの魅力をみんなに知ってもらおう！」と，TRPG用のコーナーや展示物をつくってくれるなど，自主的に積極的な活動をしてくれるようになりました。生徒たちが文化祭で展示した資料は，ほかの図書館でTRPG企画をする際に展示しています。

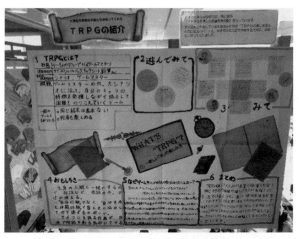

図表19　文化祭の展示をほかの図書館企画で活用

⑤　郷土資料への親しみの喚起

近代を舞台にしたTRPGでは設定を地元にして，シナリオにも地元の伝承などを使い，郷土の歴史や伝承に興味をもってもらえるようにしました。

すぐに興味をもってもらえるわけではありませんが，TRPGに郷土資料を小道具で出したり，実際にある神社を登場させたりすると，親しみをもつようになったようです。

⑥ 図書館資料の活用と利用の促進

TRPGをきっかけに，いろいろな本を読む生徒が増えたと聞いています。神話を舞台にしたTRPG『神話創世RPG　アマデウス』（河嶋陶一朗，冒険企画局著，KADOKAWA，2015）を好きになった生徒は，ギリシャ神話などの本を借りるようになりました。TRPGの本を読んでいるときに，知らない言葉が出たら辞書で調べるようになる子もいて，調べ学習へつなげる効果もありました。ほかにも，資料の活用はさまざまなアプローチがありました。

・TRPGで遊ぶときにフィギュアを自作したい→工作の本へ。
・イラストを可愛く描きたい→イラストの本へ。
・かっこよく伝えたい→表現事典へ。
・シナリオを作りたい→シナリオ入門の本へ。
・シナリオを作りたい→わからないことがたくさん→たくさん資料を読む→調べる楽しさを知る。

図表20　TRPGをきっかけに手を取ったさまざまな本の例

⑦　さまざまな道へのアプローチ

TRPGでは，ロールプレイを通じてキャラクターになりきって遊ぶことができます（なりきりは苦手な人もいるのでやらなくても大丈夫です）。

もちろん元々の本人の資質もあったのでしょうが，演じる楽しさを知り演劇部に入った生徒もいます。ほかには「物語を書くのが好き」「モノづくりが好き」「神話が好き」「イラストを書くのが好き」「人に喜んでもらえるのが好き」と，各人がTRPGを通して自分の新たな面を知り成長していくのを目の当たりにできたのが大変嬉しかったです。TRPGのゲームデザイナーである藤澤さなえさんの言葉で「TRPGは知らない自分に出会える遊び」というのがありますが，中学校でのTRPG企画に3年間かかわってその言葉を実感しました。

(7)　課題

学校図書館でのTRPG活動を続けていくうちに，さまざまな課題が出てきました。

①　スタッフ確保

学校図書館での開催という関係上，夏休みとはいえ平日の昼から夕方までの企画になるのですが，スタッフを私の友人（社会人）にお願いしていたので仕事の都合をつけてもらうのに大変無理をさせてしまいました。

3回目の参加人数が20人を超えたときはGMが4人必要になり，GMの確保に大変苦労しました。ちょうどそのころ，生徒たちから「GMをやってみたい」という声が上がりました。スタッフの負担軽減と生徒の希望をかなえる意味で，

「GM講座」を行い，最小限のスタッフで学校図書館でのTRPG活動ができるようにしました。

② 生徒によるGMへのサポート

前述のGM不足解消と，生徒たちの希望をかなえる意味でGM講座を行い，実際に生徒にGMをしてもらいましたが，これは少し厳しい面がありました。

モチベーションにばらつきがあり，安心して任せられる生徒と，GMをしてゲームの進行をするのが難しい生徒が出ました。筆者がGM講座を指導しましたが，様子を見ながら細やかなサポートができませんでした。頻繁に学校図書館へ行きサポートすれば解決する問題ですが，なかなか時間を取るのが難しいのが現状ですので，結果としてスタッフ（GM）不足は課題のままになっています。一方で，別の高校で行った時は，高校生という年齢に加えGM経験者がおり，問題なく行えました。生徒によるGMをどのようにサポートするかは，特に中学校図書館に見られる課題と考えています。

(8) 公共図書館への展開と各地の事例

中学校図書館でのTRPG活動は，参加希望者の増加に対してスタッフ・スペースの確保の両面から限界に達しています。そこで，2018年3月に，町の公共図書館と協力して企画そのものを，大津町立おおづ図書館で行いました。

公共図書館で行うメリットは，以下が挙げられます。

・日曜日に開催できるので，外部の社会人スタッフが確保しやすい。

・自治体にあるすべての学校の生徒を対象とすることができる。中学校だけでなく中学校と高校の生徒の交流なども期待できる。なお，大津町の図書館で開催する場合，参加できるのは町内の生徒に限定しています。
・生徒たちが公共図書館にも来てくれるようになる。
・公共図書館と学校図書館が連携するきっかけとなる。

など，学校図書館と公共図書館が協力することで，お互いにメリットがあるようにしたいと考えています。

　図書館でのボードゲーム企画に比べて数は少ないですが，図書館でのTRPG企画の事例をご紹介します。

①　愛知淑徳中学・高等学校での事例（2017年10月）

　生徒の希望により開催されました。普段は図書館にあまり来ない生徒も足を運び，40人ほどの参加があったそうです。
http: //www. u-gakugei. ac. jp/~schoolib/htdocs/index. php? action=pages_view_main&block_id=128&active_action=journal_view_main_detail&post_id=738#_128（先生のための授業に役立つ学校図書館活用データベース「愛知淑徳中学・高等学校 図書委員とつくる読書週間」　最終アクセス：2018年3月20日）

②　津市図書館での事例（2017年11月）

　アナログゲーム企画と同時開催です。TRPGのシナリオは地元の伝承をモチーフにしました。郷土資料の絵本がヒントになるようにしたそうです。
http://www.info.city.tsu.mie.jp/www/contents/1507629251118/index.html
（月刊図書館たいむず　2017年11月　最終アクセス：2018年3月

20日）

③ 博多工業高校での事例（2018年1月）

筆者がかかわった事例です。複数の高校の交流会ということで，各校から生徒が集まり，見学者も合わせると60人という大きな企画となりました。生徒がスタッフとして動いてくれたので，スムーズに開催できました。

http://www.city.fukuoka.lg.jp/data/open/cnt/3/23327/1/2gatu23niti.pdf（福岡市子どもと本の日通信　No. 155　平成30年2月23日　最終アクセス：2018年3月20日）

(9) オススメ本

○ルールブック（これがあればゲームができます）
・『ソード・ワールド 2.0 ルールブック　1　改訂版』（北沢慶，富士見書房，2012）
　すでに続編である『ソード・ワールド 2.5』が発売されています。『2.0』と『2.5』はそれぞれ独立して遊ぶことができます。両方を買うことができればよいのですが，難しい場合はこれから主流になると思われる『2.5』の購入がよいかと思われます。
・『クトゥルフ神話 TRPG』（サンディ・ピーターセンほか著，中山てい子，坂本雅之訳，エンターブレイン，2004）

○TRPG に関連する小説
・『導かれし田舎者たち』（河端ジュン一，グループ SNE 著，KADOKAWA，2017）
　TRPG の記録を基にしたリプレイと呼ばれる小説です。

・『クトゥルーの呼び声　The Call of Cthulhu Others』（H. P. ラヴクラフト著，森瀬繚訳，星海社，2017）
クトゥルフ神話の代表作の新訳版です。

(10) まとめ

　中学校図書館でのTRPG企画は，長期にわたって行っているということもあり，筆者が実施しているゲーム企画の中では一番手ごたえを感じています。

　生徒たちがいろいろな本に興味をもつようになっていったり，創造力・協調性などが育っていったりするのを見るのは，大変嬉しい時間です。

　生徒たちは『ソード・ワールド2.0』での冒険や，『クトゥルフ神話TRPG』での恐怖体験など，みんなで同じ空想の世界に入り込み，想像の翼を羽ばたかせる体験をワクワクしながら行ってくれました。TRPGに参加した生徒からは「みんなで冒険をするのが楽しい，またやりたい」「いろいろな友達ができて嬉しい」「同じ趣味の友達ができた」「TRPGをきっかけに本を読むようになった」という感想を聞いています。特に友人関係については，中学を卒業して高校生になった今も，TRPG企画でできた友達とつながりがあるなど，よい影響を与えられたと思っています。

　また，小学校のときからTRPGが好きで，ずっと遊びたかったけど周りに知っている人がおらず，ずっと1人でTRPGのルールブックを読んでいたという子に，実際にTRPGで遊ぶことを提供できました。

　資料を活かす環境を届けることができたのは，司書として大きな喜びであり，今もこの活動を続けることができる大き

なモチベーションとなっています。 　　　　　　　　　（高倉暁大）

2.4 菊陽町図書館での「ポケモンGO」企画

　熊本県菊陽町図書館で，2016年10月に，「親子で学ぶ!『ポケモンGO』の遊び方。」を実施しました。

　「ポケモンGO」は，2016年の7月にリリースされたスマートフォン用のデジタルゲームです。拡張現実（AR）という技術を使用し，現実世界を移動しつつ遊ぶゲームです。ゲーム上のポイント（重要地点）が現実世界に存在するため，そのポイントに多くの人が集まり，社会現象にもなりました。しかし，同時に立ち入り禁止の場所に入る，歩きながら，運転しながらのスマホの使用などが問題になり，メディアで取り上げられ，よくも悪くも注目を集めていました。

　図書館などの公共機関でも禁止にする館が出ました。管理上，仕方がないと理解はしていたのですが，ゲーム好きの司書としては，もう一歩踏み込んで安全に楽しく遊んでもらえるように，「ポケモンGO」との付き合い方を提示したいと考え，この企画を実施しました。

　企画で使用したコンテンツは，展示，資料配布，講座，実地プレイの4つになります。

(1)　「ポケモンGO」展示

　「ポケモンGO」を遊ぶ上でのメリット・デメリット，注意点や，熊本県内の有名なポケストップ（現実世界にあるゲーム上のポイント）の紹介と，その周辺の観光情報の展示を行いました。「ポケモンGO」は，実際にその土地に人が足を運ぶ動

図表21　「ポケモンGO」企画のポスター
http://kikuyo-lib.hatenablog.com/entry/2016/09/24/105552
(菊陽町図書館ブログ，最終アクセス：2018 年 4 月 13 日）
「ポケモン GO」展示

図表 22 展示の様子
http://kikuyo-lib.hatenablog.com/entry/2016/09/24/105552
（菊陽町図書館ブログ，最終アクセス：2018 年 4 月 13 日）

機づけになります。鳥取県などでは，早くから行政と観光業とがタイアップして企画を行っていました。

　筆者も実際に，「ポケモン GO」で熊本県内のいろいろなところをめぐり，新しい発見がありました。図書館に所蔵している観光ガイドブックとともに，オススメの観光スポットの紹介展示を行いました。

　デメリットとしては，実際に起きた事件・事故などを紹介し，ゲームには悪い点とよい点があることを周知しました。また，図書館資料としては，児童書から一般書までゲーム全般に関する付き合い方が載っている書籍を展示しました。

　少し話がずれますが，珍しいところでは，住職向けの業界専門誌『月刊住職』（興山舎，2016 年 9 月号，18 巻 9 号（通号 214 号）p.46-53）に，「ポケモン GO の襲来に各寺院はどう対処す

べきか，問題はあるか」という特集があったため，取り寄せて展示しました。

　住職向けの専門誌にも載るほど，社会的に話題になっていることを感じてほしいと思い展示しましたが，実際に読むと，よい意味で裏切られる内容でした。「ポケモン GO」を単に悪者にして非難するのではなく，ゲームという文化を尊重し，各地の取り組みなどの実践データを紹介しつつ，「バランスを取ってどのように付き合うべきか」という内容が書かれていました。

　また，この専門誌を読んで「お寺には誰でも自由に気軽に行くことができる」ことや，「今のお寺は気軽に来てもらうためにカフェ化しているところや，ジムのように運動できるようにしているところもある」ことを初めて知り，図書館業界との共通点などを感じました。

　ゲームに限らず，企画をするメリットとして，自分自身が展示をつくる過程でさまざまな資料に触れて多くの知識が身につくということがあると思います。筆者も，図書館でのゲーム企画を通じて，日本酒，日本刀，デジタル技術，モノ作り，歴史など，さまざまな知識と技術が身につきました。

(2) 文化財地図の配布

　「ポケモン GO」のポイントとして登録されている，町内の文化財を地図にして配布しました。

　「ポケモン GO」で使用されているポケストップと呼ばれるポイントは，文化財とリンクしていることが多く，遊ぶ過程で自然に地元の文化財をめぐることになります。せっかく文化財がある場所に立ち寄ってもらえるのなら，少し足を止

図表23　配布した町内の「ポケモンGOで知る，菊陽町の文化財」
いずれも http://kikuyo-lib.hatenablog.com/entry/2016/09/ 24/105552
（菊陽町図書館ブログ，最終アクセス：2018年4月13日）

めて地元の文化財に興味を持ってもらいたいという思いで，製作・配布しました。

これは大変に人気があり，企画当日以外でも図書館で自由に持ち帰れるように配布していましたが，気がつくとなくなっているという状況でした。あまりにたくさんの数が必要でしたので，コストを抑えるために，後半はカラーから白黒にしました。

(3) 「親子で学ぶ！『ポケモンGO』の遊び方」講座

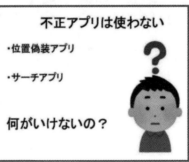

図表24　講座で使用したスライド

プロジェクターとパワーポイントを使用した座学の講座です。親子向けということで、簡単にわかりやすくまとめました。保護者向けに不正アプリの注意喚起なども入れて、40分程度になりました。

　スライドショーの流れとしては、「ポケモンGO」の説明→トラブル事例紹介→対策と安全な遊び方→不正アプリの危険性紹介→よい部分の紹介→まとめ（遊ぶときはルールを決めるなど）という内容で行いました。

　図書館としていろいろな情報を伝えたいと考えていたので、一般の人になかなか伝わらない不正アプリを使用する危険性などについても、公式で発表されているデータなどを使用してわかりやすく伝えるようにしました。今見るとそれでも難しい内容ですので、このあたりは反省点です。

(4)　「ポケモンGO」を公園で実地プレイ

　図書館の隣にある大きな公園に行き、実際に「ポケモンGO」を遊びました。企画を通じて仲よくなった子どもたちが楽しそうに遊んでくれて大変嬉しかったです。

　また、実際に遊んでみると、周りを見ずに走ってしまう、画面を見ながら歩いてしまう、という行動をついついしてしまうことから、遊ぶときに注意が必要であることを実感してもらえたと思います。

(5)　まとめ

　「ポケモンGO」が社会現象として取り上げられたあとに、「歩きスマホ」などが社会問題として問題視されるようになりました。

図表 25　公園で実際に遊ぶ様子

地域ミニ新聞の『コーヒータイム』,熊本日日新聞大津北販売センター,2016 年 10 月号（臨時号）

　「ポケモン GO」に限らずゲームには,悪い点でなくよい点も多くあります。公共施設や保護者が単に禁止するのではなく,バランスよく情報を提供することで,各自が考えてもらいたいという思いで企画を行いました。

　企画する上で情報をまとめたところ,運動不足の解消になる,郷土の文化財を知る,親子・友人間でのコミュニケーションツールとして使える,デジタル機器やインターネットの

使い方や危険性を知る契機になるなど，さまざまなメリットが見えてきました。

特にコミュニケーションツールとしてのメリットは大きく，実際に図書館が企画したときにも，小さい子どもから年配まで幅広く参加していました。自分が所有しているポケモンを見せ合い，どこで捕まえた，どんなふうに大変だったという話で盛り上がり楽しく交流していました。

図書館としては，時期を逃さず早い段階で企画が実施できたのもよかったです。流行のものを図書館で取り上げることに対して，「流行を追いかけているだけでは？」という意見もありますが，その時々の時代の空気を切り取り，それにあわせた情報提供も必要だと考えています。

タイミングの重要性で思い出すことがあります。この企画を行った2016年10月に，熊本県と，「ポケモンGO」の制作会社であるナイアンテックが，熊本地震の復興支援として「ポケモンGO」の企画を計画していましたが，時期が延びて結局2017年3月に行われました。ある程度の盛り上がりはみせましたが，やはりリリース直後のような話題性はなかったかと思います。

ゲームに限りませんが，図書館での企画展示などは，社会の空気を感じつつ適切なタイミングで仕掛けていく必要性があると思います。

（高倉暁大）

2.5 デジタルゲーム，7つの企画（菊陽町図書館）

(1) 「アルスラーン戦記×無双」試遊コーナー

2015年12月に，小説家田中芳樹さんの読書イベントを開

催したときは,合わせて,原作小説をゲーム化した「アルスラーン戦記×無双」(コーエーテクモゲームス,PS4, 2015)の試遊(実際にゲームを遊べる)コーナーをつくりました。

「アルスラーン戦記」は 1986 年に刊行され,2017 年に完結した作品で,完結までの長さもあり,幅広い年代に読まれています。また,1991 年と 2015 年にアニメ化されており,アニメから原作小説を手に取った方も多いのが特徴です。2015年のアニメを基にゲーム化された「アルスラーン戦記×無双」を通じて,ゲームファン,アニメファン,原作ファンの方々に楽しんでもらいました。

図表 26 「アルスラーン戦記×無双」を遊ぶ参加者
http://kikuyo-lib.hatenablog.com/entry/2015/12/27/235503 (菊陽町図書館ブログ,最終アクセス:2018 年 4 月 13 日)

(2) 「サイバーダンガンロンパVR」試遊コーナー

　最新デジタル技術が体験できる企画として，VR（仮想現実）ゲーム「サイバーダンガンロンパVR学級裁判」（PS4・PSVR，スパイク・チュンソフト，2016）の試遊コーナーをつくりました（2016年に2回開催）。これは若者を中心に人気の高いゲームで，ノベライズ化もしています。VRという新しい技術を体験してもらうときにゲームを使用することで，体験の希望者を増やし，体験のハードルを下げることができると考えています。ダンガンロンパの公式Twitter（@dangan_official）で告知をしてもらえたこともあり，当日は遠方からも多くの方が参加しました。

図表27　「サイバーダンガンロンパVR」を遊ぶ参加者
http://kikuyo-lib.hatenablog.com/entry/2016/11/30/131514（菊陽町図書館ブログ，最終アクセス：2018年4月13日）

(3) 「戦国無双～真田丸～」試遊コーナー

「真田十勇士と真田幸村」企画では，公共図書館司書の家入義朗氏による歴史談義を行うとともに，真田幸村を主人公にしたゲーム「戦国無双～真田丸～」(PS4，コーエーテクモゲームス，2016) の試遊コーナーをつくりました (2016 年 12 月開催)。幼少のころから最後の合戦まで，真田幸村の生涯が追体験できるゲームです。簡単な操作で爽快感を得ることができるアクションゲームなので，どなたでも楽しめるということで採用しました。また，ゲーム中に，映画のようなシーンが入るので，プレイしている人も周りで見ている方も同時に楽しむことができます。

図表 28 「戦国無双～真田丸～」を遊ぶ参加者
http://kikuyo-lib.hatenablog.com/entry/2016/12/28/170315 (菊陽町図書館ブログ，最終アクセス：2018 年 4 月 13 日)

(4) 「楽しいプログラミングでゲームを作ってみよう！」

図表29　プログラミングをする参加者
http://kikuyo-lib.hatenablog.com/entry/2015/08/14/101449（菊陽町図書館ブログ，最終アクセス：2018年4月13日）

　小学3年生から中学3年生までを対象に，Scratch（スクラッチ）と呼ばれるプログラミングでゲームをつくる企画を開催しました（2014〜2016年にかけて3回開催）。プログラミングは筆者が勉強して教えられるようにしました。事前につくった資料を元に1時間ほど一緒につくっていくと，ネコがネズミを追いかけるゲームが完成します。その後，グラフィックを自由に変えるなど，個人で好きな変更をしてもらい，最後にほかの参加者の前でゲームを発表して終わります。プログラミングのブームもあり参加者は年々増えており，好評をいただいていますが，筆者のプログラミング技術が追いついていないため，子どもたちがもっとやりたいことをかなえられな

いのが残念です。Scratch自体は簡単な入門ソフトですが，きちんと理解できればかなりのものができるので，そこまでできるようになりたいのですが，なかなか勉強する時間がとれず今に至っています。

　詳しい友人に手伝ってもらうこともあるのですが，夏休みの平日に開催する関係で，基本的に筆者1人で行っており，技術系のスタッフ不足がネックとなっています。

(5)　日本刀解説企画「熊本ゆかりの刀〜同田貫と蛍丸〜」

　2015年8月に開催した「熊本ゆかりの刀〜同田貫と蛍丸〜」は，日本刀の解説を目的としました。ゲームの「刀剣乱舞」（PC版ブラウザゲーム，DMMゲームズ，2015）ブームをきっかけにして，日本刀に興味のある人を対象とした企画を行いました。「刀剣乱舞」が遊べる試遊コーナーは設置しませんでしたが，学芸員に講演をしてもらい，日本刀に関する資料の展示をしました。

　この企画は事前募集制でしたが，折からの日本刀ブームもあり，すぐに定員が埋まるほど人気でした。後日，続きの企画として，ゲームに登場し実在した日本刀「蛍丸」をモチーフに，日本酒を造っている酒蔵（通潤酒蔵）のスタッフに講演してもらいました。

　また，先の企画で紹介した熊本の刀「同田貫」が登場するゲーム「風来のシレン」の試遊コーナーをつくりました。使用ソフトは「不思議のダンジョン　風来のシレン5 plus　フォーチュンタワーと運命のダイス」（PSVita，スパイク・チュンソフト，2015）です。

　「刀剣乱舞」というゲームを軸に，日本刀や日本酒の企画

を図書館で行うことができ，大変好評でした。

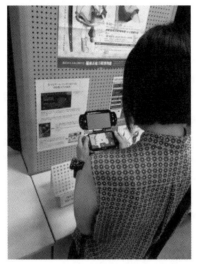

図表 30 「風来のシレン」を遊ぶ参加者
http://kikuyo-lib.hatenablog.com/entry/2015/07/27/124410（菊陽町図書館ブログ，最終アクセス 2018 年 4 月 13 日）

(6) 「昔のあそびを調べよう～TV ゲーム編～」

2014 年 12 月に「昔のあそびを調べよう～TV ゲーム編～」を開催しました。図書館での昔遊び企画というと，コマやメンコなどをイメージするかもしれません。一方で，例えば，ファミコン（ファミリーコンピュータ）は 1983 年に発売されており，博物館で開催される昭和を題材にした企画などで展示されることもあり，すでに昔遊びとして紹介できるという考えで，テレビゲーム（TV ゲーム）を扱いました。

メインコンテンツとして，スライドショーを使い「ゲームで知るモノ作り」という講義を行いました。

　1989年に発売され，今も携帯型ゲーム機の代表格としてシリーズが続いている「ゲームボーイ」を軸に，どのような工夫を経て最新の3DS（ゲーム機）につながっているか。また，携帯電話の普及により液晶技術が進化および低コスト化し，それがゲームボーイにもさまざまな形で反映されているなど，ゲーム機と社会のかかわりについて話をしました。

　中・高校生を想定していましたが，実際は小学生の参加者が多かったので，一部言葉を言い換えるなどわかりやすい講義になるようにしました。

　現物を見ると興味を持ってもらえるので，ゲームボーイシリーズの実機をほぼすべて前に並べて話をしました。図書館資料からは，ゲームを舞台にした小説やゲームボーイをつくった人の伝記，ゲームCDなどを展示しました。また，当時はまだあまり知られていなかった「プロゲーマー」や「eスポーツ」について書かれた本を紹介しました。

図表31　講演の様子

図表 32　プロゲーマー・e スポーツに関する本
いずれも http://kikuyo-lib.hatenablog.com/entry/2014/12/25/190526 （菊陽町図書館ブログ，最終アクセス：2018 年 4 月 13 日）

（7）　「親子で学ぶゲームとの付き合い方」

　2014 年 7 月に，親子向けの企画で，子どもにデジタルゲームを与える場合の注意点や，決めておいた方がよいことなどを展示と講義で伝えました。

　内容としては，ゲームが一方的に悪いわけではなく，メリットとデメリットがあることに触れ，保護者が知る必要のあるゲーム機の具体的な設定方法など，すぐに活用できるような実践的な内容にしました。ゲーム好きとして楽しく安全に楽しめるように工夫しました。

　講義後は自然に会場内の会話がはじまり，筆者も含めた皆さんで熱心に意見交換や質疑応答を行いました。また，企画に参加してくれた小学生が，夏休みの自由研究で「ゲームと

上手に付き合う方法」を発表し，学校で金賞をもらうという嬉しいこともありました。

図表 33　講義の様子

http://kikuyo-lib.hatenablog.com/entry/2014/08/06/170906（菊陽町図書館ブログ，最終アクセス：2018 年 4 月 13 日）

図表 34　参加した小学生が作成した「ゲームと上手につきあう方法」は「(6)　「昔のあそびを調べよう　TV ゲーム編」でも展示

http://kikuyo-lib.hatenablog.com/entry/2014/12/25/190526（菊陽町図書館ブログ，最終アクセス：2018 年 4 月 13 日）

(8) まとめ

図書館でゲームを勧めているともとれる内容ですので,不思議に思う方もいらっしゃるかと思います。

筆者の個人的な考えですが,現代の日本で子どもたちがゲームにまったく触れないで生活するのは難しいと考えています。

例えば,小さい頃にゲーム機に一切触れないようにしていても,高校生や大学生になってスマートフォンを持ったときに,簡単にゲームに出会うことができます。

情報を遮断して遠ざけるのではなく,お金の使い方を徐々に覚えて金銭感覚を身につけるように,小さい頃からゲームとの適度な付き合い方を親子で身につけてほしいと考えて,企画を行いました。

最近では,社会的な流行もあり,ボードゲームを図書館の企画として扱うところは増えてきましたが,デジタルゲーム扱う図書館は少ないと思います。

企画でデジタルゲームを体験した方は,懐かしいゲームについて思いで深く語ったり,最新の技術体験に感動したりなど,図書館でいろいろな本に出会うように,さまざまなデジタルゲームに触れることで,好奇心を刺激されていたようでした。

また「今はいろいろなゲームがあって驚いている」「子どもの教育に悪いかもと考えていたが,うまく付き合うことで好奇心が伸ばせそう」「プログラミングに興味があったので,子どもよりも楽しんじゃいました」「ゲームを通じて好きなものがより楽しめました」という感想をいただきました。

日本刀や日本酒，娯楽小説などさまざまな作品や文化は，デジタルゲームにも取り込まれています。ボードゲームとはまた違った形で図書館と多くの人を結びつけることができると考えていますので，個人的にはボードゲームに加えてデジタルゲームも扱ってくれる図書館が増えることを期待しています。

（高倉暁大）

2.6 福智町図書館（ふくちのち）での総合的なゲーム企画

　福岡県の福智町図書館（愛称：ふくちのち）では，デジタル・アナログ問わず，さまざまなゲームを用いた「総合的なゲーム企画」を行っています。すでに，2017年8月，2018年2月に開催しました。

　筆者は，各地の図書館でTRPG・ボードゲーム・VR・デジタルゲームの企画をしています。いつかどこかで，すべてを合わせた「総合的なゲーム企画」を開催したいと考えていたところ，「ふくちのち」から声をかけてもらい，実施することができました。

　筆者はそれまでに何度か「ふくちのち」で，ボードゲームの企画を実施しており，すでに「ふくちのち」のスタッフがボードゲーム企画を行えるようになっています。「総合的なゲーム企画」では，「ふくちのち」のスタッフが担当する低年齢向けのボードゲーム企画と，筆者たちが担当する中・高校生以上向けの総合的なゲーム企画という形で，対象ユーザーを分けて行いました。

図表 35　会場の様子

　総合的なゲーム企画では，以下の5つのコンテンツを用意しました。

(1) VR 体験

　VRとはバーチャルリァリティの略で，日本語では「仮想

現実」といいます。ヘッドマウントディスプレイと呼ばれる機器を装着すると、眼をすっぽりと覆うモニターを用いて、その場にいながら、別の場所にいるような体験ができます。

　医療・ゲーム・教育など幅広い分野で使用されており、これからの発展が期待される技術のひとつです。

　2017年の図書館総合展でも、㈱ハコヤのブースで「図書館VRシミュレータ」というコンテンツが紹介されていました。これは、図書館の建築時にサインを設置する際、「設計書で見ていた感じと違う」という齟齬をなくすため、実際にはこんなふうに見えるという風景を、VRを使って体験できるコンテンツです。

　「ふくちのち」での図書館の企画では、「日本列島VR」（TerraJapan VR, 2016, 作成者のTwitterは@VoxelKei）という、上空から日本全国を旅することができるものや、VRゲーム「イーグルフライト」（ユービーアイソフト, 2016）では、自分が鳥になりパリの大空を飛ぶゲームを使いました。最新技術を使用した娯楽用のゲームですので、まずはゲーム愛好家に積極的に体験してもらい、その楽しそうな様子を見ていた人たちが、VR体験をするというよい流れができました。なお、ほかの図書館でのVR企画では、中高生に人気のキャラクター「初音ミク」が、目の前の図書館カウンターに実際にいるような体験ができるものを展示したこともあります。この「初音ミクVR」は、友人によるオリジナルのコンテンツです。

　VR企画では、若い人から年配までが体験しました。高校生からは、「これ、嵐がテレビでやっているのを見た。同じのが体験できて嬉しい」との言葉がありました。また、「何も機器を着用していない自分の手が、仮想世界の中に登場してい

るのですが,どうやっているのですか」と好奇心を持って聞いてくれたのは嬉しかったです。

「難病で動けない人とかに体験してもらえると,外に出られた気分になってよいかもしれませんね」と言う人もいて,多くの人にVRの使い方を考えるきっかけを提供できたと思います。

図表36 「日本列島VR」を体験する参加者

図表37 「イーグルフライト」を体験する参加者

使用したVR機器は,「Oculus(オキュラス)」,「HTC Vive」,「PSVR」の3種類です。前のふたつは個人が準備できるVR機器としてはハイスペックな部類に入ります。「PSVR」はリーズナブルな製品です。私が「PSVR」を用意して,友人に「Oculus」,「HTC Vive」を用意してもらいました。

使用したソフトは,製作者や製作会社,またはコンテンツを作成した友人に,個別に連絡し,図書館イベントで使用する許可をとりました。

「ふくちのち」で行った総合的なゲーム企画は,図書館のオープンなスペースで実施しました。ほかの図書館で行った会議室のような個室で行う企画よりも,その場で企画を知って参加した人の数は,多かったように感じました。

(2) ボードゲーム

図書館としては,総合的なゲーム企画は中高生以上がメインの対象として考えており,告知もそのようにしています。当日子ども連れで通りかかった人や,ゲームと聞いて小さい子向きと思って来場される人も多いので,低年齢層の参加者もいます。このような人たちには,ボードゲームエリアで対応しました。

「ふくちのち」のスタッフが,以前から実施している低年齢向けのゲーム企画と,筆者が行っている中高生以上が対象の総合的なゲーム企画という,年齢層による企画の住み分けは課題になっています。例えば,メインターゲットにしている中高生でなく,小さな子どもが総合的なゲーム企画に集まるなど,なかなかうまくいかないこともあります。

図表38 ボードゲームコーナーの風景

　ボードゲームコーナーは，毎回参加者が多く好評なので，スタッフの数を多めに配置して対応しています。参加者に対して机の数が足りないなど，毎回キャパオーバーの状態が続いています。

　ボードゲーム自体は，低年齢層から経験者まで楽しめるように，種類を豊富に準備しており，好評を得ています。ですが，参加者も多い分，トラブル事例も増えています。いろいろな場所で筆者が体験したトラブル事例と対処法については，3章のQ10（p.116）に記載しましたので，ご覧ください。

(3) TRPG

　「ふくちのち」では，総合的なゲーム企画以前に，TRPG企画を3回ほど行っています。お話会のようにTRPGに集中できる状況で行われるのが望ましいので，別室の学習室や会議室を使用しています。

中高生を対象にしており，シナリオも福智町の地元の歴史を取り入れたものにするなど，TRPGを通じて，郷土資料への誘導を行っています。

図表 39　学習ルームでの TRPG の様子

図表 40　TRPG 企画の展示

参加した子は「楽しかった！」と言ってくれるので，参加さえしてもらえたら満足することは間違いないと思うのですが，まず参加してもらうことが一番のハードルになっています。

　TRPGという遊びの性質上，事前に参加希望者を募集して，人数を確定させておかないといけないのですが，基本的に参加者が集まりません。「ふくちのち」のスタッフが大変頑張ってくれて，なんとか1〜2人の申し込みを取ってくれますが（通常4人は必要です），前日か当日にキャンセルされることが多く，当日館内にいる中高生に声をかけて参加してもらい，なんとか成立するパターンがほとんどです。

　原因ははっきりしています。企画者である筆者と中高生たちの間に信頼関係（接点）がないからです。

　TRPGは長時間交流しながら遊ぶという特殊なゲームになりますので，なかなか魅力が伝わりにくく，仮に動画投稿サイトなどで知っていても知らない人と遊ぶのはハードルが高い遊びです。筆者は中学校や高校でTRPG企画を行って，多くの生徒に参加してもらっています。それは私が自ら学校に行き生徒たちと交流し，この人は安全な人だしゲーム好きで面白いから大丈夫だ，という信頼を得ており，安心して参加できるからです。

　たとえ事前申し込みをしていても，当日に参加者が友人から映画の誘いが入ったりしたときにキャンセルして映画に行くのはありえることです。映画ではなく図書館の企画を選んでもらうことはなかなか大変だと思っています。映画はあくまで一例で，映画以外にも現代は有料・無料問わず面白いコンテンツがあふれており，中高生が使える時間は限られてい

ます。TRPGやボードゲームそれ自体の魅力で集客はできますが，最終的にはやはり提供する人が信頼されることが重要だと考えています。

理想をいえば，筆者が福智町の学校図書館を定期的にまわり，生徒たちと交流して信頼関係を得ることができればよいのですが，地元である熊本から福岡県福智町まではけっこうな距離があるので，時間と交通費のコストを考えると現実的ではなく，課題として残っています。

そこで，「ふくちのち」でTRPG企画をして募集するのは時期尚早と考え，まずは地元の中高生にTRPGというのを知ってもらうことにしました。著名なTRPGのクリエーターである河端ジュン一氏にGM（ゲームの司会進行役）として参加してもらい，プレイヤーはすべてスタッフでTRPGを行いました。オープンスペースで，TRPGを遊んでいる様子を自由に見学できるという仕掛けです。

図表41　TRPGを見学する人々

通りがかりの親子連れや小学生が興味を示して見ていくなど一定の成果はありましたが,急なトラブルによりスタッフの減少があり,時間短縮するなどの変更を余儀なくされました。

 筆者がマイクを持って解説を行い,外部から見学しやすい雰囲気をつくる予定でしたが,それができずにあまり見学者が増えませんでした。とはいえ,図書館スタッフや見学者にTRPGという文化を知ってもらえるきっかけになったと思いますので,次回に向けての布石にはなったと考えています。

(4) デジタルゲーム

 ゲームメーカーに許可をとった上で,デジタルゲーム(TVゲーム)を遊べるコーナーをつくりました。

 ゲーム機はプレイステーション4(PS4)です。ソフトは「アサシンクリード オリジンズ」(PS4,ユービーアイソフト,2017)を使いました。

 「アサシンクリード」はいわゆる歴史物で,中世のルネサンス期などを舞台に自分が暗殺者として役目を果たすゲームです。当時の町並みの再現や歴史考証がよくできており,ゲーム内での観光も魅力で,歴史の勉強にもなるといわれています。

 自分が暗殺者になるという設定上,Z指定(ゲーム業界の自主規制で18歳未満は遊ぶことができないソフト)のゲームです。最新作の「アサシンクリード オリジンズ」から,「ディスカバリーツアー」という歴史などを学ぶことに特化したモードが登場し,戦闘などの過激な場面が外されました。このモードであれば,子どもでもゲームを通じて古代エジプトを体験

することができます。サンシャインシティ（東京都豊島区）にある「古代オリエント博物館」に期間限定で設置された際にも，このモードで設定されました。

図表42　「アサシンクリード　オリジンズ」を体験する高校生（左）

図表43　モニターと後方の大スクリーンに映った「アサシンクリード　オリジンズ」を体験＆見学する参加者

「ふくちのち」の企画では，時間帯によって大スクリーンに映すなどの工夫をしたので，多くの人の目に留まり，実際の体験につながりました。中高生のゲーム好きや一般の人が，興味深く遊んでいたり，子どもがよくわからずに遊んでいる後ろで保護者が感心しながら見ていたりしました。

　本来は近くにエジプトに関する本などを展示して，図書館資料の利用へ誘導したかったのですが，スペースの都合上実現できませんでした。今後の課題です。

(5)　ゲーム音楽紹介

　ゲームのレコード（CDではなくレコード）とゲーム関連本を展示しました。レコードを流して音楽を聞きながら，現物がどのようなものか見てもらえるようにしました。レコードは『ドラゴンクエストⅡ　悪霊の神々』（ALTY, 1987），『風ノ旅ビト』（Iam8bit, 2017）です。ゲーム関連本は，「ドラゴンクエスト」の攻略本『ドラゴンクエスト公式ガイドブック』（エニックス, 1989），『ドラゴンクエスト2　悪霊の神々　公式ガイドブック』（エニックス, 1989），『ドラゴンクエストⅢ　そして伝説へ…公式ガイドブック』（エニックス, 1989）と『ゲーム音楽史』（岩崎祐之助著, リットーミュージック, 2014）でした。

　これには，①ゲーム音楽という文化を知ってもらう，②懐かしいゲームを軸に親子で会話のきっかけにしてほしい，③ゲームを入口に音楽に興味を持ってほしい，という狙いがありましたが，おおむね成功したと思います。

　特に，親子間でのコミュニケーションという点では，保護者が楽しそうに「ドラゴンクエスト」やレコードの話をして，両親の意外な姿を見た子どもも楽しそうにしていました。

図表44　ゲーム音楽の展示コーナー

(6) まとめ

「ふくちのち」では、筆者が今までに各図書館で行ってきたゲーム企画で得た経験を生かしました。会場に、アナログゲームから最新のVRゲームまで多くの体験コーナーを設置し、関連本を展示することで、ゲームという文化やその歴史を感じ取ってもらえたと思っています。　　　　　（高倉暁大）

2.7 高校でのFGO(スマホゲーム)を使った読書推進

2018年2月に福岡市立博多工業高校で「FGO（フェイト・グランドオーダー）」（以下、単に「FGO」とします）というスマホゲームをテーマにした、読書推進活動を行いました。

最初に、FGOについて説明します。FGOとは、TYPE-MOONというクリエーター集団が手がけたスマートフォン用のRPG（ロールプレイングゲーム）です。2015年7月からサ

ービスが開始されており，2018年3月現在，今も新しいコンテンツが日々追加されています。

ゲームの特徴としては，①歴史上・神話上の英雄を召喚し仲間にして敵を倒すことで物語が進んでいく，②物語は画面上に表示される文字を読むことで進んでいく，の2点が挙げられます。

①については，古くはアーサー王から，近いところでは葛飾北斎の娘（葛飾応為）まで，地域や年代を問わずさまざまな人物が登場するため，自分の好きな登場人物を知るために，その人物に関する本を読むという中高生が一定数います。

②については，物語性の高さがゲームの大きな魅力のひとつになっており，日々追加される文章は200万字を超え，字を読んで物語を楽しむことへの入口として，効果があると考えています。

図表45　FGOの実際の画面　豊富なテキストが特長

以上の理由に加えて，中高生と実際に接していろいろな話

を聞いていく中で,「FGOはそもそも読書につながる素地がある。さらに, ゲームと本の知識がある司書がかかわることで, より大きな効果があるのでは？」という感触を得て, この企画を行いました。

(1) FGO関連本でのビブリオバトル

　企画の具体的な内容は,「FGO関連本でのビブリオバトル」という形にしました。FGOを遊んでいる生徒に声をかけて, FGOをきっかけとして読んだ本の中で, 人に勧めたいものを持って来てもらい, ビブリオバトルを行いました。発表者は筆者を入れて5人, 観覧者は周りに7〜8人と合計13人前後での開催でした。

　参加のハードルを下げて, とにかく気軽に話してほしいという思いから, ビブリオバトルではよくある前に出ての発表形式ではなく, 観覧者も含めて参加者全員で机を囲む座談会形式で行いました。

　机を囲んで行うので, FGOに出てくるアーサー王になぞらえ「円卓システム」と呼びました。円卓という言葉を使うことで, FGO好きの参加者のテンションが上がって, より興味を持ってくれたのは面白かったです。

　結果的に「円卓システム」はこのビブリオバトルと大変相性がよくて, 好きなゲームについて休み時間に話すように, みなさん楽しそうに持ってきた本について話していました。

　筆者も発表者として参加しました。その理由は, 企画している者が自ら参加して楽しさを伝えることも大事だと考えていることと, 単純に筆者もFGOの愛好家で, ぜひみんなに勧めたい本があったからです（笑）。

図表46 ビブリオバトルの様子

　登場人物，ゲームのノベライズ，クリエーターの過去作品など，FGO に関連する本であれば何でも OK，というゆるいルールとしたところ，漫画・小説・古典・伝記など幅広いジャンルから集まり，FGO の持つ広がりの凄さを実感しました。紹介された本は以下の 5 冊です。

・『マッチ売りの少女/ 人魚姫』(アンデルセン著，天沼春樹訳，新潮社，2015)
・『ちびちゅき！』(華々つぼみ漫画，TYPE-MOON 原作，KADOKAWA，2014)
・『空の境界（上）』(奈須きのこ著，竹箒 同人誌版，2001)
・『Fate/strange Fake』(成田良悟著，TYPE-MOON 原作，KADOKAWA，2015)
・『死刑執行人サンソン』(安達正勝著，集英社，2003)

図表 47　ビブリオバトルで使用されたさまざまな関連本

　通常のビブリオバトルと違う点は，FGO を通じて知っているキャラクターの知識があるため，知らない本でもある程度イメージしながら発表を聞くことができることです。

　例えば筆者は，『死刑執行人サンソン』という本を紹介しましたが，これはルイ 16 世を処刑したシャルル・アンリ・サンソンについて書かれた本です。大変興味深い本ですが，おそらく通常では高校生が興味を持つ類の本ではないと思います。しかし，FGO にもサンソンが登場して物語を紡いでいくので，ゲームでのキャラクターと本に書かれた人物との差異や共通点などを話すことで，興味深く聞いてくれました。

　一番印象に残ったのは，「うまく言えないし自信ないです」と言っていた生徒です。実際に話し始めると FGO という共通知識があるので，周りのみんなもウンウンと頷きながら楽しそうに聞き入り，その様子を見て生き生きと話しはじめる

ことで，さらに周りのみんなが聞き入るというよい循環が生まれて，結果的にその生徒が持ってきた本がチャンプ本に選ばれました。

今回の企画では，①好きなゲームと本（読書）をつなぐ，②自分の好きなことについて話す，という面白さを実感してもらいたかったのですが，成功だったと思います。「ゲーム×ビブリオバトル」の組み合わせは相性がよく，観戦していた生徒も含めて，読書と図書館に強い興味を持ってもらえたと感じています。

なお，この企画より前に，通常のビブリオバトル（発表形式）を開催しているようでした。FGOの企画に参加した生徒は，ビブリオバトルそのものの知識と経験はありました。

また，今回の経験を楽しんでくれた生徒たちが，自分の好きなキャラクターについて語る企画をやってみたいと，かなり具体的な企画案をつくっていました。学校図書館での「ゲーム×ビブリオバトル」をきっかけに，生徒が自主的に行動しさまざまなチャレンジをする様子をとても嬉しく思っています。読書へのきっかけだけでなく，いろいろな成長を感じています。

(2) データでみるFGO

中学校や高校に行ったときに，「FGO」が流行しており，友人同士の話題になっているのは見ていました。データ的な裏づけとしては，2018年3月に大分で開催されたリアルイベント「FGO冬祭り　2017-2018　冬のファラオ大感謝祭」で公開された情報が参考になります。

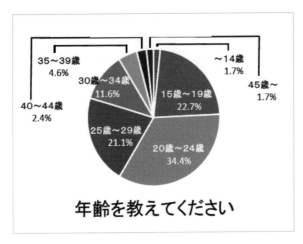

図表48　FGOのプレイヤー年齢層

　全ユーザーに占める中高生の割合ですが，19歳までとおおむね一致すると考えると，24.4％と約4分の1を占めています。FGOは，2018年2月に1200万ダウンロード達成のキャンペーンを行っています。大まかに計算して290万人の中高生がゲームをダウンロードしたことになりますが，とりあえずダウンロードしただけの人もいますので，実際に遊んでいるのはもっと少ないかもしれません。それでも200万人程度の中高生が遊んでいると思います。中高生における中心的なコンテンツだといえそうです。

　そう考えると，FGOの200万近い中高生のユーザ数は，注目すべき共通コンテンツといえます。FGOを軸にした読書推進活動や図書館への来館を喚起する企画というのは，きちんとそのコンテンツの魅力を理解することが前提になります

> Fate/Grand Orderを始めたきっかけは？
>
> ## 第1位　友達が遊んでいたので　43.4%
>
> 第2位　公式サイトを見て（事前登録含む）　22.1%
>
> 第3位　SNS（Twitterなど）　10.5%
>
> 第4位　テレビCM　6.7%
>
> 第5位　アプリのランキングで見かけて　5.1%

図表49　FGO をはじめたきっかけ

が，有効な手段になると考えていますし，実感しています。

　次に，FGOを始めた理由ですが，半数以上が「友だちが遊んでいたので」となっています。中高生の生徒たちと話して感じたのは，ゲームがコミュニケーションツールになっているということでした。これは別に驚くことではなく，筆者の世代でも，中高生のとき（1980年代後半）は，みんな「ドラクエ」（エニックス（現スクウェア・エニックス）のドラゴンクエストシリーズ）を遊んでいましたので「レベルいくつになった？どこまで進んだ？」というふうに「ドラクエ」がコミュニケーションツールとなっていました。

　筆者の世代では，ほかにも特定のテレビ番組や『少年ジャンプ』など，大多数の人間が楽しんでいる共通のコンテンツというのがありましたが，今はテレビ番組でもマンガでも多様化が進み，大多数が楽しんでいるコンテンツというのがか

なり減ってきているように思います。

(3) 注意点

　以上のように，FGO は中高生に人気のあるコンテンツであり，読書推進にもつなげられるよいゲームではありますが，注意すべき問題点もあります。それは「課金」問題です。

　多くのソーシャルゲームがそうであるように，FGO もまた，基本的には無料で遊べます。人気のある珍しいキャラクターを手に入れるためには，「ガチャ」と呼ばれるクジをゲーム内で引く必要があります。ガチャは一定回数までは無料でできますが，それ以上になるとお金を支払って引くシステムとなっています。Twitter 上では，10 万円も使ったのにお目当てのキャラクターが出なかったと，「爆死」と呼ばれる多大な出費を報告する人も見られ，社会問題になりつつあります。

　上記のこともあり，筆者はいろいろなゲーム企画を図書館で行うときは，課金に対する注意喚起の展示をつくるようにしています。図書館として，ゲーム好きの司書として，外せない部分だと思っています。

　スマホゲームには，好奇心を刺激して読書につなげたり，人と人とのコミュニケーションツールに使ったりするなど，よい側面も多くあります。もちろんゲームを遊んだことに対する対価はきちんと支払う必要がありますが，ゲーム好きのひとりとして，メーカーとユーザーが協力して課金に対して適度な距離感で付き合えるようになるのを期待しています。

(4) まとめ

　FGO を使った読書推進は成功しましたが，5 年後，10 年後

に本書を読むと,すでに中高生の中心的なコンテンツは別のものになっていると思います。大事なのは,中高生の動向に関心を持ち,彼らと対話をして,興味を引いているものを読書につなげられるように,日々勉強していくことだと考えています。

　中学校や高校に限らず,青少年層へのアプローチは多くの図書館で苦労しているポイントだと思います。青少年の多くがスマートフォンやゲームに時間を使っていることもあり,図書館員としてついつい疑問視する気持ちもわかります。しかし,本はすべての好奇心や興味を広げることができると思っていますので,ほかの文化を否定的に見るのではなく,共存共栄の気持ちで,図書館とゲーム文化のお互いが盛り上がるようになるのを願っています。

（高倉暁大）

図書館の主なゲームイベント（井上奈智・高倉暁大作成）

※開催日が2018年3月31日までのイベントを掲載する
※脱出ゲーム・ビブリオバトルは含まない
※同種のイベントを繰り返し開催している場合は，一度目のイベントを代表して掲載する

日程	図書館	都道府県	企画名	ゲームの種類			
				ボードゲーム	伝統ゲーム	TRPG	デジタルゲーム
2010年度	ほんごう子ども図書館	広島県	おはなし会&ボードゲーム会	○			
2014/8/12(火)	菊陽町図書館	熊本県	楽しいプログラミングでゲームを作ってみよう！				○
2014/12/21(日)	菊陽町図書館	熊本県	昔のあそびを調べよう！〜TVゲーム編〜				○
2015/5/9(土)	菊陽町図書館	熊本県	デジタル技術で遊んじゃおう！				○
2015年6月	山中湖情報創造館	山梨県	ボードゲームの日	○	○		
2015/11/15(日)	丸亀市立中央図書館	香川県	図書館でボードゲームを楽しもう	○			

日付	場所	都道府県	イベント名				
2015/12/17(木)	大津北中学校図書室	熊本県	読書推進のためのTRPG体験会			○	
2015/12/27(日)	菊陽町図書館	熊本県	「田中芳樹を語ろう！」アルスラーン戦記×無双試遊コーナー	○			○
2016/1/11(月)	菊陽町図書館	熊本県	むかしあそび&ボードゲームを楽しもう♪	○	○		
2016/3/12(土)	長岡市立寺泊地域図書	新潟県	カロムで遊ぼう！		○		
2016/3/27(日)	福井市立図書館	福井県	本 de かたろーぐ	○			
2016/9/25(日)	とやま駅南図書館・こども図書館	富山県	いろいろなゲームをやってみよう！	○	○		
2016/10/16(日)	菊陽町図書館	熊本県	親子で学ぶ！「ポケモンGO」の遊び方				○
2016/10/22(土)	奈義町立図書館	岡山県	としょかんおもちゃフェスティバル	○			
2016/11/5(土)	江戸川区立葛西図書館	東京都	ボードゲームで遊ぼう	○			

日付	図書館	都道府県	イベント名				
2016/11/6（日）	立川市立高松図書館	東京都	インターナショナル・ゲームズ・デイ@高松図書館	○			
2016/11/11（金）	鹿角市立花輪図書館	秋田県	よるとしょGO！	○	○		
2016/11/13（日）	武雄市図書館	佐賀県	武雄を舞台にしたTRPG			○	
2016/11/19（土）	浜松市立北図書館	静岡県	あなたの知らないボードゲームの世界	○			
2016/11/19（土）	聖学院大学総合図書館	埼玉県	図書館でゲームをする日	○			
2016/11/27（日）	港区立赤坂図書館	東京都	楽しく体験「ボードゲームで遊ぼう！」	○			
2016/12/25（日）	菊陽町図書館	熊本県	真田十勇士と真田幸村				○
2017/1/29（日）	東近江市立能登川図書館	滋賀県	積み木とゲームであそBOW!	○			
2017/2/11（土）	桜井市立図書館	奈良県	図書館でボードゲーム	○			
2017/3/20（月）	菊陽町図書館	熊本県	TRPGで遊ぼう！in図書館			○	
2017/4/1, 2（土，日）	弘前市立岩木図書館・弘前図書館	青森県	ボードゲームで遊ぼう	○			

日付	図書館	都道府県	タイトル				
2017/4/9(日)	豊田市中央図書館	愛知県	図書館でボードゲーム!?	○			
2017/5/27(土)	枚方市立蹉跎図書館	大阪府	レッツプレイボードゲーム	○			
2017/7/1(土)	三条市立図書館	新潟県	ボードゲームでコミュニケーション	○			
2017/8/6(日)	川南町立図書館	宮崎県	Let's play ボードゲーム！	○			
2017/8/27(日)	福智町図書館ふくちのち	福岡県	ゲームデー（総合的なゲーム企画）	○		○	○
2017/10/14(土)	鹿屋市立図書館	鹿児島県	図書館で（外国の）ボードゲームを楽しもう	○			
2017/10/29(日)	大阪府立中央図書館	大阪府	図書館でボードゲームをする日	○			
2017/10/30(月)-11/2(水)	京都府立久美浜高校図書室	京都府	ボードゲームズ・ウィーク	○			
2017/11/3(金)	愛知淑徳中学・高等学校図書館	愛知県	図書委員とつくる読書週間			○	
2017/11/3(金)	武豊町立図書館	愛知県	ボードゲームで遊ぼう	○			
2017/11/3(金)	津市図書館	三重県	図書館でゲームしよ!!	○		○	

2章　事例集……99

日付	図書館	都道府県	タイトル				
2017/11/12(日)	船橋市中央図書館	千葉県	船橋市中央図書館でボードゲームを楽しもう！	○			
2017/11/16(日), 17(日), 21(火)	プール学院大学短期大学部	大阪府	図書館でボードゲーム・チャンピオン決定戦開催	○	○		
2017/11/18(土)	板橋区立赤塚図書館	東京都	Let'sボードゲーム！	○			
2017/11/18(土)	摂津市立鳥飼図書センター	大阪府	ボードゲームで遊ぼう！	○			
2017/11/19(日)	大阪市立住吉図書館	大阪府	ええっ！図書館でゲーム？－海外のボードゲームを図書館で遊ぼう－	○			
2017/11/26(日)	南さつま市立図書館	鹿児島県	図書感謝祭2017 としょかんde ゲーム	○			
2017/12/10(日)	高石市立図書館	兵庫県	みんなであそぼう♪ ボードゲーム	○			
2018/1/7(日)	墨田区立ひきふね図書館	東京都	すみだ生まれの面白ボードゲーム「すみとりー」ゲーム大会	○			
2018/1/7(日)	大東市立西部図書館	大阪府	ボードゲームであそぼう！	○			

日付	場所	都道府県	イベント名				
2018/1/9(火)	博多工業高校	福岡県	TRPG大会			○	
2018/1/12(金)	斜里町立図書館	北海道	本のあそび場〜ブック☆ゲームへの挑戦〜	○			
2018/2/12(月)	恩納村文化情報センター	沖縄県	体験してみよう！ボードゲームの世界	○			
2018/2/18(日)	文京区立本駒込図書館	東京都	図書館でボードゲーム	○			
2018/2/20(火)	日比谷図書文化館	東京都	大人のボードゲーム部	○			
2018/2/23(金)	博多工業高校	福岡県	ボードゲームを使用したコミュニケーション研修	○			
2018/3/28(水)	森町図書館	北海道	あそびの広場	○			
2018/3/25(日)	杉並区立中央図書館	東京都	ボードゲームをやってみよう	○			
2018/3/25(日)	大津町立おおづ図書館	熊本県	TRPG＆ボードゲーム	○		○	

2章　事例集……101

3章 ゲームサービス導入に関するQ&A

Q1　図書館でボードゲーム企画を立ち上げたいと思っています。具体的な進め方を教えてください。

A1　図書館でボードゲーム企画をするのに最低限必要なのは，「企画許可」，「場所」，「ボードゲーム」，「スタッフ」の4つです。図書館のスタッフは自分ひとり，ボードゲームも所有していないという状態からのスタートという想定で，具体的な進め方を書いていきます。

① 地元のボードゲーム愛好会のグループやボードゲームカフェをインターネットなど調べる。
② 実際にその集まりに参加して，協力してくれそうな人を探す。この過程で自分もボードゲームに関する知識をつける。
③ 協力してくれそうな人に，ボードゲームの持ち込みとスタッフをお願いできるか聞き，OKをもらう。
④ 職場に企画書を出し，許可をもらう。
⑤ 会議室など隔離された場所を仮日程で押さえる。協力してくれる人がその日程で大丈夫か確認し，日程を確定させる。

「企画許可」，「場所」，「ボードゲーム」，「スタッフ」が揃いました。ポスターなどで告知し当日の本番を頑張る，という

流れで企画を実行できると思います。もちろん,どんなボードゲームを持って来てもらうのか,何時間くらい企画を行うか,対象の年齢層などは,細かく決めておく必要があります。

Q2　企画書を書くときのコツや留意点を教えてください。

A2　企画立案の方法は,組織によって異なりますが,企画書を提出し承認を受けることは必須だと思いますので,その部分を解説していきます。企画書には「内容」「対象となる参加者」「目的」などいろいろと書く必要がありますが,「目的」が一番迷うと思います。

　もちろんしっかりとした目的があればそれを書けばよいのですが,迷う場合は,下記の目的を参考にしてみてください。
・ゲームを通じて図書館に来館してもらう。
・ゲームを通じて,図書館を身近に感じ親しみを持ってもらう。
・コミュニケーションをとることで多くの人と交流する場にする。
・コミュニケーション能力の向上が期待できる。
・ゲームを通じて外国文化に興味を持ってもらう。
・物語を楽しむゲームを通じて,想像力を身につけてもらう。
・ゲーム関連本など図書館資料への誘導とする。
・ゲームと子育ての参考文献を展示することで子育て支援につなげる。

　ボードゲームと子育てについては,『おうちでボードゲーム for ママ & キッズ』(すごろくや著,スモール出版,2016),ボードゲームによる子育てを打ち出したミニコミ誌『ボ育て』

教育長	館　長	係　長	結　　果	
			可	不可
図書館イベント企画書				
企画者	高倉　暁大			
企画発案日	平成〇〇年〇〇月〇〇日			
企画名	ボードゲームを遊ぼう！			
企画内容	視聴覚室を使い，ゾーニングした状態で，ボードゲームを遊ぶ。 ボードゲーム関連本や，ボードゲームを使った子育て支援資料（書籍：ボ育て）なども展示する。			
対象	親子連れ，子どもだけ，若者など幅広い対象とする。			
目的	ボードゲームをきっかけとした交流，コミュニティ作り。 普段図書館に来ない人たちへのアプローチ。 ボードゲームをきっかけとした読書推進，子育て支援資料への誘導，外国文化の紹介。 楽しい体験を通じて，図書館に良いイメージを持ってもらう。			
期日	平成〇〇年〇〇月〇〇日			
経費・消耗品	展示用の印刷物。			
備品	視聴覚室・机の使用。			
必要人員及び配置	高倉＋ボランティアスタッフ（高倉友人）3名程度の計4～5名			
備考				

図表1　企画書の例

（創刊号は 2016 年，既刊 2 号まで）は，図書館向きの内容を多く含むのでオススメです。

　図書館の方向性に合わせて，以上の案を組み合わせて企画書づくりを頑張ってください。ですが，ひとつでかまいませんので，自分の中で図書館でのボードゲーム企画を行う意義をしっかり決めておいてください。トラブル時や問い合わせがあったときにしっかり対応できます。

Q3　ゲームは，図書館が購入しているのでしょうか。また，どの科目・区分けで支出しているのでしょうか。

A3　各地の図書館でボードゲームを購入している例を聞いてみましたが，事業費と備品による購入例が少しあるだけで，ほとんどは個人所有品の持ち込みでした。筆者自身が今まで行った企画でも，すべて個人所有のボードゲームを持ち込んでいます。本来であれば，図書館の企画として使用するものは図書館予算で購入して，個人による負担はないのが理想なのですが，なかなか難しいというのが現実です。

　そこで，最初の単発の企画のときは個人所有のボードゲームを持ち込み，図書館でボードゲーム企画をする有用性を知ってもらった後，図書館予算で購入する方法が現実的だと考えています。最初にボードゲームを持ち込んだ人が，異動・退職などでいなくなっても，図書館の予算で購入した実績があり，定期的な企画開催や貸出など，システムとして図書館でのボードゲームサービスが構築できていれば，スタンダードなサービスとして続けていけるのではないかと思います。

ボードゲームを図書館予算で購入する際の科目・区分けは，いろいろなパターンが考えられます。

○　消耗品費

　おそらく最も館内的にも説得しやすく，事務処理の負担が少ない区分けになると思います。破損・紛失時にも煩雑な事務処理は必要なく，ボードゲームの値段と種類にもよりますが，再購入もしやすいと考えられます。その反面，消耗品費は上限が決まっている場合が多く，高額なボードゲームを購入するのは難しそうです。

　雑誌を消耗品費で購入して館外貸出をしている図書館もあり，そういう図書館では，館外貸出サービスまで持っていきやすいのではないかと思います。

　2.1で紹介したおおづ町図書館では，次年度（2019年度）執行分からは，消耗品費として予算要求をする予定です。消耗品とした理由は，消耗品がき損しやすいものであり，備品は長期間変形することなく使用するものであると区別します。ボードゲームは一般的に消耗品であると考えたからです（『八訂　地方公共団体歳入歳出科目解説』月刊「地方財務」編集局編，ぎょうせい，2016，p.332-333）。

○　備品費

　備品費で購入し備品扱いにすると，購入時や使用時などの事務手続きは増えますが，館内利用はしやすくなります。一般的には，館外貸出は難しいと思います。

○　事業費（イベント費）

　事業費の支出対象は，ある程度自由のきく図書館が多いと思います。企画を開催するときに，イベント時に使用する目的でボードゲームを購入します。1回のイベントの後も，定

期的に図書館でボードゲーム企画を開催することができます。一定の費用で何度も企画を開くことができますので，事業費の使途としても無駄な支出ではないと思います。しかし，イベントのために購入したものという扱いですので，イベント後の館内利用・館外貸出は，ともに難しいかもしれません。

○　資料費（図書購入費）

　ゲームを収集・保存すべき資料として認識し，館内利用・館外貸出も問題なく行える理想的な購入方法です。資料費が削られる一方の昨今，かなり難しい買い方だと予想されます。いきなりこの方法を目指すのではなく，別の科目で購入するなど，できる範囲から進めていくのがよいと思われます。

Q4　ボードゲームの館内利用・館外貸出と，著作権法の関係について教えてください。

A4　館内利用および館外貸出は，著作権的に大丈夫なのかというのが気になると思います。ボードゲームが著作物に当たるかどうかは，ケースバイケースです。著作物に該当したとしても，ボードゲームの館内利用は，著作権がはたらきませんので，営利・非営利，有料・無料いずれでも問題なく行えます。銀行の待合室や漫画喫茶での雑誌の利用や，ボードゲームカフェ内のボードゲームのレンタルと同じとなります。ボードゲームの館外貸出については，著作権法第38条第4項の規定により，非営利・無料の場合，著作者の許諾なく行えます。本やCDの貸出サービスと同じ扱いです。

Q5　ゲーム企画では，誰がスタッフを務めるのでしょうか。図書館スタッフでしょうか。

A5　ゲーム企画をする際に，ルールの説明やゲームの人数が足りないときのサポートなど，ゲーム内容を把握し実際に動いてくれるスタッフの確保は難しい問題だと思います。大きく分けると4つの方法が考えられます。
① 　図書館スタッフ
② 　ボードゲームカフェやボードゲーム製作会社
③ 　個人ボランティア
④ 　外部のゲームグループ

　①，②をこの回答で説明します。③，④は次の回答で説明します。どのような運用をする場合でも，ある程度でよいので，ゲームに詳しい職員が最低1人は必要です。なお，図書館ボランティア・外部のゲームグループ・企業関係のどこと連携する場合でも，事前の顔負わせと打ち合わせは必ず行い，図書館としての注意事項などはきちんと伝えておきましょう。
① 　図書館スタッフ

　図書館職員のみでゲーム企画ができるようになると，外部に頼らず開催することができることが大きなメリットです。ゲーム企画は，規模にもよりますが，スタッフの人数がそれなりに必要です。スタッフ1人につき参加者は最大4〜5人程度の対応が目安です。開催日は，ほかの図書館サービスも慌ただしくなる土・日になる場合が多いので，ゲーム企画に多くの図書館スタッフを充てるのは難しいと感じています。また，スタッフ全員がゲーム企画で参加者をもてなすことに適性があるとは考えにくいので，図書館スタッフのみでゲー

ム企画を行うというのは、スタッフの負担が大きいと思います。
② ボードゲームカフェやボードゲーム製作会社
　どちらもボードゲームのプロです。特にボードゲームカフェのスタッフは、接客や説明も手馴れているので安心できます。また、地元企業との連携ということで広い意味でのビジネス支援にもつながりますし、ボードゲーム企画をすると参加者から「これはどこで買えるのですか？」という質問を多く受けますので、そのときにスムーズに案内することができます。もちろん、特定企業への宣伝になりえますので、留意が必要です。2章コラム（p.23）もご参照ください。

Q6　ゲーム企画において、個人ボランティアやゲームサークルとのかかわり方を、どのように考えればよいのでしょうか。また、ゲームの持ち込みはどのように対応するのがよいのでしょうか。

A6　先ほどの質問と関連します。ゲーム企画で個人ボランティアに手伝ってもらう場合です。
③ 個人ボランティア
　責任者として職員を1～2人配置した上で、ボランティアスタッフをお願いするやり方です。おそらくこれが一番現実的ですし、筆者もこの方法をとっています。ボランティアをどこからどのように集めるかは、いろいろな方法があると思います。
　元々存在している図書館ボランティアの中で、ボードゲームに興味を持っている人にお願いする方法があります。また

は,読み聞かせや布絵本製作など,図書館にはさまざまなボランティアグループがあると思います。その中でボードゲームに興味を持っている人に,ルールの説明方法などの技術を習得し,スタッフとして動いてもらう方法もあります。

学校連携などのつながりを使って,地元の中高生ボランティアが技術を習得し,ボランティアスタッフになってもらうことも考えられます。計画段階ですが,筆者がルール説明などの技術講習を開いた上で,中学生ボランティアにお願いする予定を立てています。

職員の友人など個人的なつながりを使って,人柄がわかり,技術面も安心できる人材に声をかけ,お願いすることもあります。特殊な事例なのであまり参考にならないかもしれませんが,筆者は個人的なゲーム会を定期的に開いており,そのときに遊びに来てくれた友人の中から適性のある人に声をかけて,ボランティアスタッフとして動いてもらっています。

中高生ボランティア・図書館ボランティアが手伝う場合は,ゲームごとに担当を決めると効率がよいと思います。例えばボランティアスタッフが5人だった場合は,ボードゲームも5種類用意して,1人に1種類ずつ,ルールを説明できるようにします。会場に机を5卓用意して,各机にボランティアを1人配置して,各机ではそのボランティアが説明できるゲームのみが遊べるようにします。こうすることで,ボランティアAが担当する机では「ガイスター」が遊べる,ボランティアBが担当する机では「ブロックス」が遊べるという感じで,スムーズに遊んでもらうことができます。

余裕があれば,各机に,「ガイスター　2人用　10分程度　初心者向き」などとゲームの情報を大きく表示すると,案内

するスタッフの負担を減らすことができます。

　案内するスタッフとは別に，責任者はゲームを受け持たず，トラブルや問い合わせに対応できるように，身体は空けておいた方がよいと思います。

　また，ボードゲームのルールを丁寧にわかりやすく説明し，場を盛り上げることができるというのはそれなりに技術が必要なことですので，何でも無償のボランティア頼りはあまりよいことではないと思っています。もちろんこれはゲームに限らず，お話会などの通常のボランティア活動もですが。ボランティアに対する各図書館の考え方や規則にもよりますが，ボランティアの方にはお弁当だけでも出してもらえると個人的には嬉しく思います。

④　外部のゲームグループ

　サークルなど，図書館外のゲームグループに手伝ってもらう方法です。ゲームを持ち込んでもらうこともできますし，スタッフの確保もしやすく，ゲームのルール説明にも精通しているので，図書館としては大変助かります。ですが，外部グループとの連携にはいくつかの注意点があると考えています。

・そもそもどういう人かよくわからない。

　もちろん職業などを知る必要はありませんが，ほかのボランティアと同様に名前と住所などは確認しておきたいところです。当日に「手伝わせてください」と来られて，どういった人かわからないまま何となく手伝ってもらったりすることもあるようですが，当日の急なボランティア希望は，お断りした方がよいと思います。

・持ち込みボードゲームが破損・紛失したときの対応を決め

る。

　まだ実例はありませんが，小さい子どもが来ることもありますので，ボードゲームの紛失・破損はありえます。もしそれが，外部グループが持ち込んだボードゲームだった場合は，どのような対応をするか事前にグループの代表者と話しておいた方がよいでしょう。

・一般の人が参加しにくい雰囲気になる場合がある。

　筆者もゲームグループを主宰しているのでよくわかるのですが，スタッフや参加者にゲームグループの関係者が多くなると，身内で固まっている雰囲気が出てしまい，ほかの人が参加し難くなることがあります。対処法としては，外部グループのメンバーには分散してもらい，各テーブルに1～2人にとどめるのがよいと思います。

　外部のゲームグループから協力の申し出があったときには，一度そのグループのゲーム会に顔を出して，年齢層は高めなのか，親子連れも来ているか，口調がきつい人がいないか，主催者はそのような人に注意しているかなど，雰囲気をつかんでおいた方がよいと思います。筆者の場合は，③個人ボランティアと，筆者の主催する④外部のゲームグループを組み合わせてスタッフを確保しています。

Q7　ゲーム企画の場所について教えてください。図書館のどの場所が最適でしょうか。

A7　図書館でボードゲームをする際は，声による騒音問題をおこさないためにもゾーニングは必須です。図書館の視聴覚室や会議室など隔離された場所や，声を出してよいスペース

で行う必要があります。将来的にボードゲームが広く図書館に受け入れられたときには、読書をしている人の横で、声の出ないようなゲームを静かに遊ぶ風景なども見られるのでしょうが、もうしばらくかかりそうです。

　図書館に別室や声を出してよいスペースがなく、ゾーニングができない場合は、ボードゲーム企画を行うのは難しいかもしれません。その場合は、「〇月〇日は図書館でボードゲームをする日なので、騒がしくなりますがご了承ください」という告知をして開催するという方法もありますが、トラブルには注意したいところです。

　また、休館日にボードゲーム企画用に図書館の一部を使うことも考えられますが、条例や規則などに留意が必要です。図書館でのボードゲーム企画は今まさに広まっている途中なので、いかに既存の図書館ユーザーとの軋轢を生まないようにするかは、気を遣いたいところです。たとえ隔離された状況でもボードゲームで盛り上がった声は大きくなりがちですので、館内に声が響いていないか注意してください。

Q8　目録は、どのように作ればよいのでしょうか。

A8　目録をどう作るかは、ゲーム好きの司書が集まるとよく話題になります。現時点では、「日本目録規則」(NCR)に当てはめるのは難しいので、特殊な扱いにするということが現実的だと考えています。NCRを使う場合、タイトルや発売年、発売会社などは本と同じように入れることができますが、対応できる部分は限られているからです。ボードゲーム独自の目録を作る際に、今のところ考えられる必須項目は、「遊べる

人数」、「プレイ時間」、「難易度」だと思います。

Q9　ボードゲームはどのように保管・保存するのがよいのでしょうか。

A9　ボードゲームを収集・保存の対象となる図書館資料と考えると、当然ですがなるべく傷まないように保存する必要があります。貸出などの利用で本以上にボードゲームは傷むと考えられますが、海外の事例を聞いたところ、特に有効な保存方法があるわけではないようです。ですので、ボードゲームカフェなどで行われている一般的な保存方法を書いていきます。直射日光が当たらないところに置いておくなど、基本的にはことはほかの蔵書と同じです。

　カードの場合は、スリーブという透明の袋にカードを1枚ずつ入れることによって、破損や汚れから守ることができます。スリーブに入れると全体的な厚みが増して、箱に入らなくなることがあるので気をつけてください。スリーブは大きさによって種類がありますので、購入する際は専門店や詳しい人に相談すると確実です。

　ボードゲームを保管するときは、先の質問で挙げた項目を使って、棚に配置すると便利です。例えば、「遊べる人数」であれば、2人用の棚、4人用の棚、3〜8人用の棚など大まかな人数でボードゲームを置いておくと、「〇人用のゲームがしたい」というときスムーズに探すことができます。「遊べる人数」、「プレイ時間」、「難易度」のいずれを基に棚に分けるか（もしくはまったく新しい情報で分けるか）は、各図書館によって考えがあると思いますので、よりよいやり方で運用して

ください。

　ボードゲームには，内容物のメモをつくって添付しておくのも大事です。コマが何個，カードが何枚など，すべての部品の内訳をつくって入れておくと，返却時に手早く確認することができます。借りた人が自主的に，返却前にチェックしてくれることもあります。

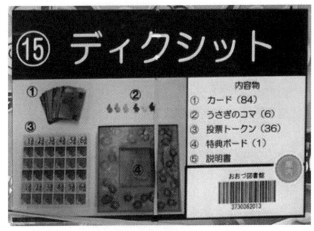

図表2　ボードゲーム内容物の内訳

　また，何かのときに箱が開いて中身が飛び出ないように，ゴムをかけておくのもよいと思います。このときに通常の輪ゴムを使用すると劣化したときに付着しますが，モビロンバンドは劣化時に付着しませんのでおススメです。文房具店や小さいものでしたら100円均一ショップで販売されています。ボードゲームの箱はいろいろな大きさがあるので，いろいろなサイズを揃えておくと便利です。モビロンバンドが手に入

らないときは,髪ゴムでもよいのですが,髪ゴムはサイズの種類が少なく大型のボードゲームにかけることができません。また,さまざまな色のモビロンバンドを購入するのをオススメします。ゲームの種類によって色を分けることができるからです。例えば,遊べる人数で棚の配置を分けた場合は次のようにします。「1～2人用の棚」に置くボードゲームは白いモビロンバンドでとめて,「3～8人で遊べる棚」に置くモビロンバンドは黒のモビロンバンドを使うときめておくと,色で区別できるので整理がしやすくなります。これはボードゲームカフェなどで使われている方法です。

Q10 図書館におけるゲーム企画のトラブルや注意点について,具体例と対応方法を教えてください。

A10 いくつかのトラブルや注意点がありますので,対策が必要です。

① 保護者が子どもを預ける

ボードゲームエリアを託児所代わりにしていかれるようで,小さい子どもだけ置いて保護者がいなくなるパターンです。ある程度の時間ならスタッフが子どもを見ておくこともできますが,例えば夏の暑い日ですと,水分補給なども心配でちょっと困ったことがあります。対処法としては,事前告知と当日告知で,「親子で一緒に遊んでください」という周知を徹底し,小さい子どものみの参加はお断りとしました。

ただ,これは図書館の考え方によります。親子で交流することが目的でしたら,一緒に参加をお願いするということでよいのですが,子育て支援の面から見ると,保護者が図書館

でゆっくり読書の時間を確保するために，一時的に預けることは，それはそれでありかなと思います。どちらにせよ，図書館として，何のためにボードゲーム企画をするのかが決まっていれば，その方向に沿った対応でよいと思います。

② スタッフ以外の人がゲームの説明をする。個人が持ってきたボードゲームで遊ぶ

ゲーム愛好家の中には，スタッフに代わってゲームの説明をしたり，ゲームを持ち込んで遊ぶ方がいたりします。企画をサポートしようとして親切心からの行動というのはわかりますが，事前に連絡がなく，その場で話しかけてもなかなかコミュニケーションをとってもらえないことがありました。図書館としてもどのような人かわからないので，ゲームの説明をしているけれど口調は大丈夫だろうか，子どもにうまく対応できる人なのだろうか，ボードゲームを持ち込んでいるけれど，もし破損や紛失があったときに責任が取れない……といろいろなトラブルが予想されます。スタッフ以外のゲームの説明と持ち込みボードゲームはお断りするようにしました。

お断りについては事前告知をしますが，告知を知らない人もいますので，見かけたらそのつど話をして理解していただくというスタンスをとっています。お断りしたことによるトラブルはありません。

③ ゲームの上級者が横から口を挟む

おそらく本人は親切で教えているつもりなのでしょうが，これをされると初心者は萎縮してしまって楽しくなくなるので，止めてもらうようにお願いしています。止めるときは，やんわりとしかしはっきりと，「アドバイスはありがたいの

ですが,みなさん気にしてしまいますので温かく見守ってください」とお伝えしています。大事なのは,そういった事例が出てきたらすぐに現場の責任者に言って,責任者から注意するという取り決めを事前にしておくことです。想定していない微妙なトラブルに出会ったときは,言った方がよいのだろうけれどどうしようと迷って,すぐには動けません。何かあったらスタッフはすぐに責任者に連絡し,責任者が対応することとしておきます。そのために責任者はいつでも動けるようにして,会場をウロウロしておく必要があります。なお,筆者が行う企画では,自分が現場の責任者になります。動けるようにしておかないといけないのですが,スタッフ不足もあり,つい何かしらの役割をしていることが多く,反省しきりです。

Q11 ボードゲームの館内利用・館外貸出をすることを考えています。注意点や対応方法を教えてください。

A11 館内利用と館外貸出が考えられますが,どちらの場合でもやっておいた方がよいことと,気をつけるべき注意点を3つ書いていきます。

① 返却時に部品を確認する

多少面倒な手間が増えますが,本が返却されたときに落書きや破損がないかをチェックするのと同じように,部品の内訳を見ながら破損や紛失をチェックします。部品数が多いボードゲームは,チェックに時間がかかり,紛失のリスクも大きく貸出にあまり向きませんので,ゲーム企画専用のボードゲームにするなどの運用にすることも考えられます。貸出に

向いているボードゲーム,向いていないボードゲームがあります。なるべく負担のない運用がよいと思います。

② 貸出に一定の制限を設ける

例えば町立図書館でしたら,ある程度ボードゲームの数が揃うまでは,自治体以外の住民への広域貸出はしないようにする,他の図書館との相互貸借も範囲外にする方がよいと思います。人気が集中しすぎて,所蔵館にいつもないという事態を防ぐためです。規則にも留意しながら,最初は慎重な運用をオススメします。

③ 館内利用時のゾーニングを考える

館内利用では,ボードゲームの種類にもよりますが,場所や時間などでゾーニングをして,騒音などの問題で既存の図書館ユーザーとの軋轢を生まないようにしましょう。例えば,場所を制限しテラスかロビーのみでボードゲームを遊べるようにする,などです。

Q12 図書館で最初にゲーム企画をするなら、どういうゲームでしたら、やりやすいでしょうか。オススメがあれば教えてください。

A12 図書館でゲーム企画なんて……と周りに思われたりしないだろうか? 人が来なかったらどうしよう? など,不安があって最初の一歩が踏み出せない気持ちはよくわかります。そんな方のために,参考になるオススメのボードゲーム企画をご紹介します。福井市立図書館で行われた「本 de かたろーぐ」という企画です。ここで使った「かたろーぐ」というゲームは,一定の選択肢のある対象(カタログやチラシな

ど何でも OK）から「好きな物ランキング」をつくり，それを当ててもらうというものです。福井市立図書館では，1人に図書館おすすめの絵本から読んでみたいものを選んでもらい，それをみんなであてて，理由を教えてもらう，という内容にしました。

図表3　「本 de かたろーぐ」の様子

この企画をオススメする理由は，「ゲームを使って絵本に親しんでもらう」という内容は，図書館の既存のサービスと近いところにあります。勝敗を決めるというより相互理解を深めて楽しむゲームなので，負けて泣いてしまう子が出るな

どの心配がほとんどありません。使用するボードゲームが「かたろーぐ」1個でよいので準備の負担が少ない，通常のゲーム企画よりスタッフの数が少なくて済む，などの運営側にたくさんのメリットがあります。絵本のリストづくりがポイントだと思いますので，児童担当の方と相談して頑張ってください。詳しい企画内容が知りたい方は，まとめたサイトがありますので，そちらをご覧ください。

図書館の本を並べて遊ぶボードゲーム「本 de かたろーぐ」のイベント結果といくつかの課題
(https://togetter.com/li/957310)（最終アクセス：2018 年 4 月 13 日）

Q13　やはり図書館でゲームを扱うことに対して，少し抵抗や戸惑いがあります。図書館でのゲームを扱うことの魅力を聞かせてください。

A13　筆者は以前，「多くの人に図書館に来てもらいたい！」と考えたときに，「今は，ゲーム・マンガ・テレビ・ネット動画など，有料・無料を問わずさまざまなコンテンツがあふれている。ほかのコンテンツと時間の取り合いをしないといけない」と考えていました。今は少し変わりまして「戦っても勝つものでなく，共存共栄していくものだ」と思っています。

　そこで筆者の好きなゲームというジャンルからアプローチして，「このゲームが好きなら，この本が楽しめますよ」や，「ゲームで調べ物をするなら図書館がよいですよ」というスタンスで臨みます。例えば，TRPG でのシナリオづくりではいろいろと調べることが多くあります。ゲームに限らずです

が「図書館にきたら今あなたが楽しんでいるコンテンツを，より深く楽しく感じることができます」という仕組みにしています。

また，ゲームという文化を通して好きな人たちが集まり，語れる場をつくることで交流が広がり，友人ができることはよいことだと考えています。

たしかに，コミュニティをつくることで人間関係のトラブルに巻き込まれたり，嫌な思いをしたりすることもあるかと思いますが，私はそれでもなお，ゲームという文化から発生するコミュニティに人生を救われた者として，「人を傷つけるのも人だが，人を救うのも人である」という思いに基づいて続けています。

図書館でのゲーム企画は，本に直接関係のないコンテンツもあるため，「図書館で行う企画ではないのでは？」と思う方もいるかもしれません。しかし，親しみやすいゲームという文化を通して，多くの人の知的好奇心を刺激することができます。ゲームを通じた交流なども含めて，参加者の人生がより豊かになると思います。このことを象徴する，私の好きな言葉を紹介します。

「今の世に友誼を結ぶ者のうち『我らは地下迷宮を襲い，竜を殺し，幾度と無く死の淵を覗いて生きて帰ってきた』と言い得るものがどれほどあろう。例え空想上の経験とはいえ（中略）はばかることなく恥じることなく共同で想像力を羽ばたかせることは，実人生での深く長続きする友情にも繋がる。」

（マイケル・ウィットワー著，柳田真坂樹，桂令夫訳『最初のRPGを作った男　ゲイリー・ガイギャックス　想像力の帝国』デジタ

ルボーン,2016,p. 285)

Q14 ゲーム企画を実施したいのですが,あと一歩が踏み出せません。どのように数々の企画を成功させてきたのでしょうか。

A14 最後になりましたが,成功の秘訣は多くの方に助けてもらったということにつきると思います。筆者が図書館で行っているさまざまな活動は,友人たちや図書館関係者による多大なサポートによって実現できています。

　機器の準備,スタッフとしてのサポート,計画の相談など,サポートしてくれる人たちがいなければ何もできません。声をかけていただいた図書館で実際に企画を行う際は,現場関係者による誘致や場所の確保,企画を通すなどの事務処理をしてもらう必要があります。また,そもそもゲーム企画の話を持って来てもらえるのは,いろいろな人が筆者を紹介してくれることがきっかけとなっています。

　図書館で継続的に,何かしらの企画や展示を行うには,多くの人とのつながりやサポートがあって初めて実現します。何より大事なのは,人と人とのつながり(コミュニティの構築)だと考えています。筆者がゲーム企画の参加者に一番得てほしいのもそこです。

　今でこそ筆者はいろいろな活動をしており,「図書館でゲーム企画をしている司書」という認識で見てもらえていますが,司書になって数年は何もしておりませんでした。ある日,山梨県山中湖村の山中湖情報創造館で開催されたテレビゲーム企画の記事を見て,「図書館でこんなことができるのか!

私もやってみたい」と思って現在に至ります。筆者も誰かの最初の一歩のきっかけになればと思い，この原稿を書いています。図書館には，この世の森羅万象すべてのジャンルの本がありますので，できない企画はないと思っています。何か思いがありましたら，小さいなことからでよいので始めてもらえると嬉しく思います。

（高倉暁大）

4章 図書館情報資源としてのゲーム

　近年「ゲーム」を図書館にて体験するイベントが企画，実行されている（本書「2章　事例集」(p. 96）参照）。ゲームの定義については1章にて紹介されているが，現在のところイベントでは，ボードゲーム，テーブルトーク・ロールプレイングゲーム（TRPG），伝統的ゲームが遊ばれており，デジタルゲームは少ない。また使われるゲームは所蔵資料ではなく，図書館員や参加者より持ち込まれたものがほとんどである。

　この場合，図書館はゲームを行う場の提供にすぎず図書館にて行う必然性はない。また参加者やイベント企画者の負担は大きく，地域に多種多様なゲームを持っている人がいない図書館では企画すら難しい。イベントも一過性で集客目的であり，図書館の重要な役割である情報の蓄積，保存，提供に合致しているとはいえない。本章では，これらの現状を踏まえ，なぜ図書館でゲームを行うのか，ゲームは図書館の目標に資するのかについて検討し，図書館にて各種ゲームを情報資源として収集することを提案する。「情報資源」とは『図書館情報学用語辞典　第4版』（日本図書館情報学会用語辞典編集委員会編，丸善出版，2013）によれば，「(1)　必要なときに利用できるように何らかの方法で蓄積された情報や資料。天然資源，人的資源などの用法を情報にあてはめて用いられる」とされている。情報資源は，情報を得るための方法や，情報媒体は問われず，利用できる情報が蓄積されているすべてのも

のを指している。本章では図書，雑誌，新聞といった，従来図書館が収集してきた印刷資料の他に，動画，音声，また「体験」といった，情報を利用者が得るあらゆる行為，物事のことを情報資源とする。

4.1 図書館でゲームを収集する社会的意義

図書館においてゲームを収集し，提供する意義について検討する。

すでに公共図書館では，ゲーム攻略本，設定集，ゲームのルールブック（「ルルブ」と略すらしい），ゲームを基とした小説（「ロードス島戦記」シリーズなど），画集（「天野喜孝画集」など），楽譜（「ドラゴンクエスト」，「ファイナルファンタジー」など）が収集され提供されている。また，「クトゥルフ神話」や「指輪物語」など，ゲームの基となった物語も元から収集している。将棋，囲碁，チェス，マージャン，オセロなどの伝統ゲームについては遊び方や定石，攻略法などの資料が収集されている。

このように，すでに公共図書館ではゲームの遊び方や物語という背景情報，周辺情報が収集・提供されており，将棋などは広い年齢層で人気のある資料となっている。ゲーム関連資料を収集する理由は，主に利用者のニーズの高さ，またはヤングアダルト資料としての収集ではないかと考えられる。

公共図書館，特に市町村立図書館で，利用者のニーズの高さは，選書時の重要な要素ではあるが，利用者ニーズは時とともに変化する。ニーズが移ってしまった資料をどうするかは，廃棄などを含めて課題となる。公共図書館では将来的な

ニーズを予測した上で,多様な資料を収集することも目的の1つであり,資料の多様性は文化を継承するための必須条件となっている。ゲームも継続的な収集が必要である。

ゲームおよびゲーム関連資料は継続的な収集をすべき資料なのか。現代社会の娯楽の中でゲームは大きな位置を占めている。総務省統計局「平成28年度社会生活基本調査」(15歳から85歳以上,国勢調査の結果による年齢階層人口比率に対応した約18万人へのサンプル調査を基に全人口で推計。http://www.stat.go.jp/data/shakai/2016/kekka.html 最終アクセス:2018年2月20日)を見る。

表1 娯楽種類別行動者数

	娯楽の種類	年1日以上行った人数の推計(単位・千人)※	総数での割合
		98559	100%
1位	05_映画館以外での映画鑑賞(テレビ・DVD・パソコンなど)	59026	59.89%
2位	08_CD・スマートフォンなどによる音楽鑑賞	55487	56.30%
3位	04_映画館での映画鑑賞	44833	45.49%
4位	27_趣味としての読書	43836	44.48%
5位	31_テレビゲーム・パソコンゲーム(家庭で行うもの,携帯用を含む)	40613	41.21%
6位	32_遊園地,動植物園,水族館などの見物	38295	38.85%
7位	12_カラオケ	34802	35.31%
8位	21_園芸・庭いじり・ガーデニング	29116	29.54%
9位	25_写真の撮影・プリント	28218	28.63%
10位	01_スポーツ観覧(テレビ・スマートフォン・パソコンなどは除く)	24405	24.76%

※人数は18万人のサンプル調査から,総人口での人数を推計した
平成28年度社会生活基本調査より著者作成

趣味・娯楽の活動を行ったと回答した者は87.0％，そのうち，複数回答の中で「テレビゲーム，パソコンゲーム（家庭で行うもの，携帯用を含む）」という回答が41.2％，29歳以下の年代では7割近く，40代でも約半数が「趣味・娯楽」としてゲームを行ったと回答している。これは趣味・娯楽で年1回以上その娯楽を行った種類別行動者数で5位であり（表1），動画視聴，音楽鑑賞，映画鑑賞，読書に次いでいる。

　「平成28年社会生活基本調査生活行動に関する結果　要約」(http://www.stat.go.jp/data/shakai/2016/pdf/youyaku.pdf　最終アクセス：2018年2月20日)では前回調査時の平成23年度に比べ，「テレビゲーム・パソコンゲーム（家庭で行うもの，携帯用を含む）は特に40歳代及び50歳代で行動者率が上昇」としている（図1）。これは平成23年当時に娯楽としてゲームを行っていたものが，行為を辞めずに年齢を重ねた結果であることが理由として推測できる。

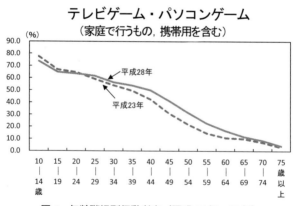

図1　年齢階級別行動者率（平成23年，28年）

さらに，同調査の結果から推計される1日の中の行動時間を見ると（表2），回答の比率より，ゲームは1日（1440分）の自由時間270分間のうち，12分を占め，「教養・趣味・娯楽」カテゴリでの1位，読書の7分，ビデオ，DVD視聴の6分の2倍近く行われていると推計されている。これらの数字から，ゲームは娯楽の主要な位置を占めている。

表2　一日の中で行為が占める時間（単位・分）

行為	推計した1日の中での行為時間（単位・分）
5_自由時間	270
553_テレビ	142
5311_ゲーム	12
552_新聞・雑誌	11
551_読書	7
5301_教養・娯楽	6
554_ビデオ・DVD	6
5302_創作	5
5307_犬の散歩等	2

次に経済規模で見る。「平成28年度情報通信白書」（http://www.soumu.go.jp/johotsusintokei/whitepaper/ja/h29/pdf/29honpen.pdf　最終アクセス：2018年2月20日）によると，デジタルゲームの市場規模は1兆1,849億円で，コンテンツ市場全体の規模11兆5,081億円の10.3％を占めている。これは書籍コンテンツ8,272億円，雑誌コンテンツ1兆494億円よりも大きく，新聞に次いでいる。これはゲームが日本のメディア・コンテンツ市場において既に重要な位置を占めていることを表している。デジタルゲーム市場のうち，インターネットを経由する通信

系ゲームコンテンツ市場は9,204億円で，デジタルゲームの大部分を占めている。利用者の消費額で見れば，スマートフォンで20代はゲームソフトに月2,197円，30代は2,925円，40代は5,917円平均消費している。30代ではスマートフォンによる書籍，新聞や，日用品の購入よりも消費しており，40代においては交通費に次ぐスマートフォン利用消費の第2位となっている。白書37ページの「スマートフォンのアプリダウンロードランキング」（図2）を見ると，日本，米国，英国ともにランキング上位にゲームアプリ（「Pokémon GO」）が入っている。

	IOS			Google Play Apps		
	日本	米国	英国	日本	米国	英国
1	白猫テニス	iTunesU	Pokémon GO	Pokémon GO	Facebook Messenger	Pokémon GO
2	iTunesU	Pokémon GO	WhatsApp Messenger	白猫テニス	Pokémon GO	Facebook Messenger
3	Apple iMovie	Apple iMovie	Flip Diving	SNOW	Facebook	WhatsApp Messenger
4	Pages	Bitmoji	Snapchat	LINE	YouTube Music	Facebook
5	Apple Numbers	Pages	Facebook Messenger	GO Security	Snapchat	Snapchat
6	Pokémon GO	Apple Numbers	Facebook	Yahoo! Japan Weather	Instagram	Instagram
7	SNOW	Apple Keynote	Premier League	AbemaTV	Rolling Sky	BBC Media Player
8	Apple Keynote	GarageBand	iTunesU	SmartNews	Pandora Radio	Z Camera: Filter Photo Editor
9	GarageBand	Snapchat	Apple iMovie	Instagram	Bitmoji	Spotify
10	Yahoo! Japan Weather	Facebook Messenger	Bitmoji	Yahoo! JAPAN	WhatsApp Messenger	Slither.io

（出典）Ofcom The Communications Market Report

図2　スマートフォンアプリダウンロードランキング

　これらから，現代日本人の余暇，娯楽の大きなジャンルをデジタルゲームが占めていることがうかがわれる。デジタルゲームについて，ゲーム実況動画の投稿，プロゲーマーの活

動や，一般社団法人日本 e スポーツ連合（JeSU）の設立（https://jesu.or.jp/　最終アクセス：2018 年 2 月 20 日），「e スポーツ」化と国際大会の開催（http://www.itmedia.co.jp/news/articles/1704/19/news114.html，ITmedia　最終アクセス：2018 年 2 月 20 日）など，活動の場がさらに広がっている。将棋などの伝統的ゲームも含めて，ゲームは現代の社会，文化において重要な位置を占めている。

　一方でゲームを収集しようとする図書館の役割について，高山正也は司書課程の教科書『改訂図書館概論』（高山正也・岸田和明・逸村裕・平野英俊著，樹村房，2017）の「第 1 章　図書館とその歴史」（p. 2）にて以下のように述べている。

　「学術的・文化的な成果は，社会的な知能・知識として，社会の知的中枢に集められ，それらを活用する体制が形成される。」

　さらに高山は「われわれが関与する図書館は，この中で中核的な記憶機能を担う社会制度」としている。さまざまな社会の活動の結果，成果として，さまざまなテーマ，ジャンルの「情報」が生産されている。その生産される情報は記録，保存，利用されることにより社会・文化の発展，進化が行われる。そして，利用のために情報を記録，保存していく社会制度のひとつとして図書館が古代より存在していると本章では理解する。

　前述のとおり，ゲームは日本の文化の中で大きな位置を占めており，その成果が日々生産されている。図書館が高山の主張に沿う社会制度であるのであれば，文化的な成果である

ゲームおよび,関連資料を図書館が収集することは,日本文化を継承,発展させていく上で重要な役割があることが結論づけられる。

　最後に,ゲームを収集する機関は「博物館」なのではないか,という疑問について考察する。博物館も図書館と同じく,社会の文化的活動の成果を保存し継承する社会制度といえる。

　これまで,主として言語で表現され,図書という形態にまとめられた情報を中心に収集してきた図書館と,情報を保持する事物そのものを中心に収集してきた博物館がある。しかし,ゲームの関連資料やゲームの攻略動画,ゲーム関連雑誌などは図書館で収集し,実際に遊ぶためのゲーム(カード,サイコロ,コマ,ゲーム機,ソフトウェアなど)は博物館で収集するという分担が,はたして「ゲーム」を記憶するという社会的な役割を果たす上で適当かと考えると,いくつかの点において不適当であると考えられる。ゲーム資料を利用する利用者は,ゲームを遊ぶためにそのルールを学び,背景となる物語などを読み,さまざまなテクニックを身につけて,より有利にゲームを遊ぶ。さらに遊んだ内容を記録し保存,公開する。さらにはゲームを遊んだ結果,想像したことを小説やリプレイという形で発表していく。ゲームのプレイ,記録,発信,学習等の活動が図書館,博物館で行われることが重要である。図書館と博物館の収集資料の分担は,保存方法や場所,施設といった主に収集側の事情によっており,利用を考えるのならば小説などのコンテンツとゲームの両者を収集した方が利用しやすいことは自明である。

　将棋や囲碁,チェスといった,背景や物語という部分をとことんまで抽象化して,戦術を競うことに特化したゲームも

あるが，多数のタイトルがあるロールプレイングゲームや，格闘ゲームではゲームの背景となる物語が設定されている。キャラクターなどについても神話や小説，歴史上の人物，事物などからとられたものも多く，それらの解説書や小説をゲームと合わせて収集することが望ましく，博物館での収集時には注意が必要である。

4.2 ゲームの図書館情報資源における位置づけ

　前節で図書館においてゲームを情報資源として収集することの意義，必要性を述べた。本節では，ゲームの図書館情報資源としての位置づけについて検討する。

　「図書館情報資源」は所蔵，非所蔵といった所有の有無，または図書，雑誌といった有体資料とネットワーク情報源といった無体資料という区分を越えて，図書館が提供する情報資源全体を表すものである。従来は図書館が所蔵，または相互貸借などで一時的に所蔵した，図書，雑誌，DVDなど有体物を利用者に提供することで，利用者は情報を得ることができたが，オンラインデータベースやインターネット上の情報など，図書館が所蔵することができない，形のない情報資源の重要性が近年高まり，図書館の提供する情報資源を拡張する形で，図書館情報資源と定義づけることが現在では一般的である。この図書館情報資源の中にゲームを位置づけることにより，図書館にて収集，保存され，利用者に提供されることとなる。

　では，ゲームの特徴を分析していく。「ゲーム」は多様である。まずゲームの実体とは何かであるが，例えばカードを使

用するボードゲームについて，カードや遊ぶときのボード，説明書，箱などがあるが，これらはゲーム本体ではない。これらのカードなどに固定された情報は，1回1回の遊びにおいて，組み合わされたり，利用者の意識内で再構成されたりして，情報として利用者に伝わる。「ゲーム」を収集し提供する目的が，利用者に対して情報資源を通じて情報を提供するとしたとき，実際に利用者がゲームを遊ぶことで，初めて「ゲームを収集した」となる。ゲームを収集するといった場合，カード，サイコロなどの物を収集，保存することとは厳密には違うことを意識しなければならない。

そうすると，実体のないデジタルゲームなども収集対象となるし，必要最低限の情報しかもたないチェスや将棋，囲碁などについても，ゲームとして収集対象となる。ゲームマスター（GM）を中心として会話で物語が進んでいくTRPGについてみると，ルールブックなどを収集しただけでは不足であり，GMが作成した，設定や物語をまとめた「シナリオ」や，同じゲーム，同じシナリオで遊ぶ場合でも，1回1回プレイヤーやセッションごとに異なるゲーム展開を記録した「リプレイ」などが総体として，TRPGの情報資源となる。

また，ゲーム内にはさまざまな文化的要素が含まれている。多くのデジタルゲームにはキャラクターがデザインされ，ゲームキャラクターのデザインを集めた画集や画像集が存在する。またゲーム内の音楽についても「ゲームミュージック」という音楽ジャンルの一角を占め，世界的に人気のあるタイトルのコンサートなども開かれており，世界的に評価の高い作曲家も存在する。ボードゲームなどのカードに書かれたイラストについても，ゲームの世界観などを表すのに重要な要

表3 情報資源としてゲームを提供する際に収集するもの

	アナログゲーム	デジタルゲーム
ゲームを遊ぶために必要なもの	ボードゲームパッケージ(コマ,サイコロ,カード,ボード,ルール等)	ゲームソフト(※不特定多数が交替でプレイするため通常のソフトウェアライセンスでは対応できない可能性が高い)
	ルールブック	ネットアカウント(ダウンロード販売ソフト購入用)
	コマ,フィギア	セーブデータの保存媒体
	シナリオ集	攻略本
	サイコロ(4面,6面,8面,10面等)	ゲーム専用機(利用者ニーズ,ソフトに合わせて)
	設定集	パソコン(古い物も含めて)
	定石集,戦術書	攻略サイト
	各種アナログゲームの遊び方を解説した資料,動画	説明書・外箱などパッケージ
	Twitterアカウント等遠隔プレイのための環境	
ゲームとその周辺を知るために必要なもの	ゲームを基にした小説,マンガ,アニメ,映画等	ゲームを基にした小説,マンガ,アニメ,映画等
	リプレイ	ゲーム実況動画
	ゲーム画集	ゲーム画集
	シナリオの基となる神話,歴史的事件,人物伝記	CG画集
	ゲーム作成者のエッセイ,コラム	設定集
	専門雑誌・新聞	ゲームに関係する神話,歴史的事件,人物伝記
	ポスター,グッズ	ゲーム音楽
	メーカー・競技・愛好者団体発行の紙媒体・電子媒体	ゲーム作成者のエッセイ,コラム
	会報	ゲーム雑誌
	ゲームカタログ(アナログゲームカタログ)	ポスター,グッズ
	公式ウェブサイト	プレイ動画
	解説動画	

素であり,それらが統合されて,ゲームから利用者は情報を得る。これらゲーム内の要素についても個別に収集していく必要があろう。

これまで図書館では,ゲームのプレイ記録であるリプレイ,ゲームが基になった小説,ゲームを紹介する雑誌などについては既存の図書,雑誌という枠組みにて収集してきた。またゲーム音楽についてもCDなどが収集対象となっている。今後は,これらの資料に加え,図書館内でゲームを楽しめることが,ゲームという情報を得るための資料であり,現代社会において重要なゲーム文化を保存し継承,提供することができる。収集すべき物の例としてルールブックやコマ,カード,サイコロ,プレイ用のボード,ゲームソフト,ゲーム機ゲームアーカイブのためのサーバなどがある(表3)。

4.3 収集するゲームの選択,保存,整理,利用

(1) ゲームの選択

図書館情報資源としてゲームを位置づけると課題となるのが,収集するゲームの選択である。図書館はそれぞれの目的,目標に沿った収集方針があり,それに基づいて情報資源を収集していく。今後,ゲームを収集するとして,どのようなゲームを収集すべきか,もしくは図書館で収集することが困難なゲームは何かについて検討する。

全図書館に共通する目的が情報の提供とすると,なんらかの情報を持つものすべてが図書館の収集対象となるが,資料費などの予算枠があり,購入の優先順位が資料の種別ごとに存在する。これらの優先順位は利用者ニーズや,地域の課題,

そのときの重点目標,そして将来の利用を想定した広範なテーマなどから決定される。

まず利用者のニーズを検討すると,現在多くの人が遊んでいるゲームと関連資料が収集対象となる。例えばパチンコ,将棋,囲碁,マージャンといったゲームや,スマートフォンなどで遊ばれているオンラインゲームが対象となる。この中で,パチンコやオンラインゲームは遊戯台の入手が困難だったり,個人個人がアカウントを持ってアクセスしたりする必要があるため,利用者間で資料を共有する図書館での収集は困難である。これらについては攻略本などの収集にとどまるであろう。また公営ギャンブルの資料の収集は,ステークホルダーの理解を得ることが難しいという課題もある。

次に地域の課題でみると,地域コミュニティをつくるためのコミュニケーション手段としてのゲームや,認知症予防などのためのゲームが収集対象となり,例えばボードゲームや,マージャンといった多人数で行うゲームが対象となろう。

重点目標は地域,図書館ごとに異なるが,多くの図書館では10代後半から,20代にかけての年代での読書離れに対応するために,ヤングアダルト資料を収集している。これらの資料はゲームが基となったものも多く親和性が高い。これらの年代向けとしては,読書との結びつきの強い原作があるゲームや,スピンオフの小説などがあるゲームが収集対象となるであろう。また,ゲーム内でのキャラクターが既存の神話などからとられているゲームや,ゲーム音楽,キャラクターデザインなどで,利用者のニーズを見ながら選択する必要がある。また,この年代では1人で遊ぶことができることも重要なポイントとなる。この特性からゲーム機やパソコンを使

用するデジタルゲームなどは候補となろう。また，近年のデジタルゲームではバーチャルリアリティ（仮想現実，VR）など新しい技術を使ったゲームも開発されている。ゲームを遊ぶという目的のほかに，新しい技術について体験する機会を図書館が作ることは，地域の10代，20代の成長や将来の職業選択などによい影響を及ぼすことが期待される。デジタルゲームの収集についてはステークホルダーの理解が必要である。

また，学校ではさまざまな課程で，主体的に課題を発見し，データなどを論理的に分析，推測して課題の解決をはかる教育が行われるようになった。TRPGや，カードゲームの中には，手札や会話の中にあるヒントをもとに，隠されている情報を推測して事件を解決していくものがある。単なる直感だけではダメで，説得するための論理性が会話に求められる。このようなゲームはこれからの学校での教育の一助となろう。学校図書館での収集も必要である。

最後に将来の利用を見越した広範な資料である。図書館は現在の利用ニーズだけでなく，将来的な利用ニーズも見越して，さまざまなジャンル，テーマの資料を収集したり，古くなった資料についても保存したりする基礎的な役割が存在する。ゲームについては，現在はあまり遊ぶ人が少ないジャンルや形式のゲーム，その地域では入手が困難なゲームなどを収集することが必要である。

例えば近年図書館でもイベントが行われているボードゲームは，海外では多くの人に遊ばれているが，日本では知名度が低いゲームがある。ボードゲームやTRPGは，地方によっては体験の機会が希少である。これらのゲームを収集し，遊ぶ体験の機会をつくることも，今後の日本文化発展のために，

図書館の重要な役割であろう。

　さらに，図書館でゲームを収集することで，将来遊ぶ人が少なくなり，入手が困難となってしまったゲームを遊ぶことができるという機能が重要である。図書館はその成立時より，現在はあまり見られることのない過去の情報を蓄積して，将来の利用に備えていたが，ゲームについても同じことが必要となる。これは次項の保存で述べる。

　実務を踏まえて提案すると，第1にゲームの収集を図書館の収集方針に入れる，もしくは方針の中に解釈で位置づけることが必要である。収集方針は地域のステークホルダーと関連するため，収集方針に位置づけるためには，ゲーム体験イベントなどを開催して，ステークホルダーに収集に対して理解を求めることが必要となる。第2に，選択のためにさまざまなゲームについて図書館員が知識を持つことである。図書館員は自分の読書体験などから選書をするのではなく，利用者などの分析から本を選択していく。同じようにゲームについても，利用者ニーズや，ゲームの特性，図書館でサービスするための条件などから選択を行うことが重要である。ゲームに関する雑誌などもあるが，ボードゲームやTRPGを紹介する情報源が少ないことが課題である。

(2) ゲームの保存

　ゲーム資料のうち，ルールブックなど図書の形態で発行されるものについては従来の図書資料と同じ形で配架し保存することができる。一方，箱入りのゲームで，コマ，サイコロ，カードなどを利用して遊ぶ資料の場合，その箱にあるものを一体として保存していく必要がある。コマやサイコロはゲー

ムを遊ぶ中で紛失しやすい。サイコロは買い替えることもでき比較的安価であるが，コマについては改めてゲーム全体を買い直すか，別なもので代用する必要がある。コマ自体に情報があり，ゲーム進行上その情報が必須の場合（コマの裏面の情報などが必須の場合など）にはあらかじめ複製しておくか，買い直すかとなる。またゲーム内で使用するカードは紛失だけでなく，利用の中ですり減っていく。これらのカードについては，ビニール製のカードケースに入れることも検討できるが，1枚1枚をケースに入れることは手間がかかる。複製をつくることもできるが，カード自体は厚紙に印刷されていることが多く，図書館などのコピー機では対応が難しい。

　これらを検討すると，カードなど紛失や滅失が予想されるゲームについてはある程度消耗し，購入できなくなることも踏まえて利用してもらい，保存については限界がある。前述のとおり，ゲームを保存することを優先させ，遊べないのは図書館においては問題である。図書館情報資源のうち図書館が所有する図書，雑誌などについても，地域資料など保存を必要とする資料を除いては，保存と利用がトレードオフであり，それぞれの図書館の特性で保存側を重視するか，利用側を重視するかを選ぶこととなるが，全体的には利用が重視される。

　次にデジタルゲームの保存について検討する。デジタルゲームのうち，オンラインのみで提供されるゲームについては，ゲームデータ，プログラムのダウンロードやアーカイブは個々の図書館では現状不可能なため，ゲームで遊ぶための環境，例えばネットワークやパソコンなどを用意し，ウェブページで利用することが考えられる。図書館で収集の対象とな

るものではゲーム機,パソコンなどにインストールして遊ぶゲームが対象と想定できる。以前これらのゲームは,DVD-ROMのようなメディアで販売されることが多かったが,近年ではネットワークを介して販売,インストールするものが増えている。メディア購入の場合には,従来のDVD-ROMなどの保存と同様であるが,ネットワークから購入した場合,再インストールの保証がないことが問題となる。ゲームメーカーの販売ネットワークが稼働していれば,ダウンロード,再インストールなども行うことができるが,販売ネットワークが終了してしまった場合,ゲームの再インストールなどができなくなってしまうことが想定される。これらを考えると,図書館ではできうる限りメディアでゲームを購入した方がよい。

また,CD,DVDなどのメディアと共通するが,再生機器がないとゲームを遊ぶことができない。メディアの保存と同時に,再生機器であるゲーム機を保存するか,個々の図書館ではメディアのみを保存し,再生機器については広域で保存していくなどの対策が課題となる。遊ばれなくなったゲームのアーカイブについては別の章にて検討する。

(3) ゲームの整理

ゲームも他の図書館情報資源と同じく,整理,組織化されることで,利用者は目的のゲームを発見しやすくなる。

先行するものとして,「メディア芸術データベース」(文化庁, https://mediaarts-db.bunka.go.jp/?locale=ja 最終アクセス:2018年4月5日)が存在する(図3)。

図3　メディア芸術データベース

　このデータベースは2010年度から文化庁が凸版印刷，㈱寿限無，一般社団法人日本動画協会，立命館大学ゲーム研究センター，慶應義塾大学アート・センターに委託し，2014年度まで行われた「メディア芸術デジタルアーカイブ事業」の成果のひとつとして製作され，今後つくられるマンガ，ゲームなどのデータベースの試行となっている。マンガ，アニメーション，デジタルゲーム，メディアアートの4つの分野での2次情報が収集され，デジタルゲームの場合，1972年から2015年12月までに発売されたゲームの情報を検索することができる。あくまでも試行としてのデータベースなので，2016年12月以降発売のゲームの登録は行われていない。

　まず大きく，ゲーム専用機で遊ぶ家庭用ビデオゲーム，ゲームセンターなどに設置されたアーケードゲーム，パソコンで行うパソコンゲーム（PC-8801対応ゲームのみ）と3つに分類されている。コンピュータゲームを大きく分類する区分と

して，ゲーム雑誌などではよく見る区分であるが，区分原理としては，ゲームが設置されている場所別（家庭，家庭外）と遊戯する機器別（家庭用ゲーム機，ゲーム専用筐体，パソコン）が区別されておらず，ゲームをよく知らない人が検索しようとすると，この区分でまずつまずくことになる。またデジタルゲームのみの情報であり，アナログゲームの情報は収集されていない。

　このデータベースで注目すべき点としては，ゲームの情報として登録するためのメタデータの要素を試作していることである。サイトの「各項目の詳細仕様」によると，ゲームパッケージ1つ1つにふられた固有IDとして「GPIr」というIDが提案されている。このデータベースでは，ゲームタイトルごとにデータが作られるのではなく，ゲームデータが固定された媒体ごとに1つ1つのタイトルとして登録されることになっている。

　このデータベースはあくまで試行であり，網羅的，継続的なゲームの収集を基につくられているデータベースではないが，ひとつの試行として評価できる。しかし，今後図書館にてゲームを収集し，そのゲームを図書館利用者に利用してもらうためのデータベースとしては不足である。

　図書として発行されるルールブックなどについては，従来の図書として整理していけるが，前述のとおり，ゲームはルールブック以外のさまざまな形式の資料を利用して遊ぶことが必要となる。そうすると,「ゲーム」というある情報の塊を得るためには，付随する図書をはじめ，コマなどの遊ぶための物，背景となるストーリーや原作，設定集，他のプレイ実況やリプレイ，自分たちのプレイの記録などが，ひとつの「ゲ

ーム」資料として発見される必要がある。

　利用者が得たいゲームタイトルごとの情報の塊は，従来の図書のようにひとつにパッケージリングされていないので，ゲームタイトルを仮想のターゲットとして据える。例えば，「最終幻想」という仮のゲームタイトルについて，シリーズタイトルや，ルールブック，派生した小説や映画などの，「最終幻想」という情報を得るためのさまざまな情報を含むものとして設定する（図書資料における著作にあたる）。

　次にこの著作に含まれる，情報を構成する情報を，役割といった属性情報も含めて記録する。例えば「最終幻想」のナンバリングタイトルや，ルールブック，設定資料，コマやカードなどは，それぞれの塊で，ゲームを遊ぶための情報という属性情報と同時に，個別の検索語がつけられた上で記録される。また，派生したリプレイ，小説，映画などについても，ゲームが基となっている情報という属性情報をつけて個別のキーワードで記録される。ゲームに基となる物語などが付随する場合には，このときに著作にリンクする。このように仮想的な著作と，著作を構成する表現された情報をリンクする。

　個々のナンバリングタイトルは，さまざまな物理形式で発行される。ナンバリングタイトルも，ボードゲームバージョンや，デジタルゲームバージョンが，小説は印刷されたものや電子書籍版などが存在する。次の段階としては，この物理属性を表すキーワードをつけた情報を，表現された情報それぞれにリンクしていく。

　ここまでの情報は，「最終幻想」というゲームの情報を知るために包括的に記録される必要がある。個々の図書館にて，これらの情報全体を記録していくことは困難であるため，実

務としては,個々の図書館が購入した資料から読み取れる情報から,著作に向けて遡るような記録となるのではと思われる。このときに,個別の図書館が作成した著作に関する情報を,ネットワークを通じて統合,リンクしていくことが重要である。また,統合,更新される著作情報の履歴や版の情報をその都度保存し,必要があれば巻き戻しができるようなシステムが理想である。

このとき最新の著作情報はどこが保持して,どこからダウンロードされるのか,それらの情報保持のためのコストは誰が負担するのか,巻き戻しなどを決定するための意思決定をどうするかなどが課題となる。ウィキペディアなどに著作情報を統合していくなどもひとつの案だと考える。

個々の図書館のシステムにこれらの膨大な著作情報をダウンロードして検索させるのは現実的ではない。更新のタイムラグも生じてしまう。また,ウェブページのように固定されていない情報については重要性が高まっているにもかかわらず,図書館目録では検索が難しくなる。最終的にはインターネット上の共有された目録データ,リンクデータに,個別のOPACシステムが都度アクセスし検索するという形になっていかないと,さまざまな形式のデータを利用者はいつまでたっても網羅的に検索することができない。

この統合された著作情報に対して,個々の図書館では,それぞれが所有している,もしくは利用者に紹介するという意志のもとで,個別資料について,それぞれの図書館でカスタマイズされた情報を付加する。例えば個々の図書館での分類情報,仮想コーナー化のためのテーマやキーワードの付与,個々の図書館の棚で見つけるための情報などである。これら

の情報は個々の図書館の OPAC で，利用者が検索したときに，共通情報とは別に付加されて表示される情報となる。

ゲームタイトルの整理の枠組みとして，筆者が提案する内容は以上である。次に，どのような視点でゲームタイトルの著作情報を分析していくかである。以下はすべて例示であり，今後検討されるべき視点である。

ゲームの著作部分については，ゲームシステムや，そのゲームの世界観などを表すキーワードや，それらを作成した設計者情報，出版社にあたる，メーカーに関する情報，ゲームの内容を表すキーワードなど，全体に共通する情報が記録されると思われる。

次の表現された情報の部分では，ナンバリングタイトルごとの設計や監督，音楽作曲者やキャラクターデザインが記録されるであろう。また，対象年齢や，プレイ人数などの遊ぶための情報が付加される。派生した小説や映画は従来の小説や映画の情報と同じである。個々の表現のバージョン情報としては，その情報にアクセスするための情報や形式，フォーマットに関する情報，ボリュームの情報など，物理的な情報が記録される。最後に個別の図書館で記録される情報には，従来の分類記号や，個別の件名，コーナー名など最低限の情報が記録される。

これらの整理手法については，ある程度図書館にゲームが収集されて，利用実態を踏まえ決まっていくものなので，学会などでの調査，研究にて随時修正される必要がある。

(4) ゲームの館内利用

整理されたゲームは書棚に並んだり，ゲーム機にインスト

ールされたりして利用に供される。博物館ではどちらかというと保存，展示を目的に収集されるのに対して（近年は体験についても博物館で強く意識されている），図書館では利用されることが収集の大きな目的のひとつである。

　ゲームの利用とは必然的にゲームで遊ぶという行為になる。ゲームを図書館で遊ぶ場合，デジタルゲームについてはゲーム機が接続されたブースや，パソコンなどを利用者が使用して，ヘッドホンなどをして遊ぶこととなり，これは従来の視聴覚資料の利用と同じである。1回の利用時間の制限や，セーブデータをどう管理するかが課題となる。

　次にサイコロなどを使うボードゲームやカードゲーム，会話で進めていくTRPGなど，プレイ中に音が出てしまうゲームの利用を検討する。これらのゲームのプレイ中には，サイコロが転がる音，行為の宣言の声，TRPGでは会話などの音が問題となる。また，まったく声を出さないでゲームをするということも現実的ではない。図書館内もしくは合築されている建物内に学習室や多目的室があれば，そこで遊ぶことで他の利用者への影響はなくなる。近年新築の公共図書館では多目的室，工作室，調理室などを備え，図書館の情報を踏まえてさまざまな体験を行うことができる。

　他の利用者への影響を考えると，部屋の中でゲームを遊ぶことが最善となるが，新しい図書館での利用の形として，利用者間の相互作用が起こるようなサービスを提案する。近年大学図書館を中心に，話し合いやプレゼンテーションなどを行うことができる，ラーニングコモンズというエリアを設定することが増えている。ラーニングコモンズの特徴は，外に声が漏れないよう，壁などに囲まれ外側から見えない静かな

部屋をつくるのではなく,大きな閲覧室に,可動して人数や形を自由に組み合わせて使用できる机,椅子,プレゼンテーション機器,情報を共有するためのホワイトボードなどを配置している。あえて声が漏れるオープンな環境で個々の学習活動が行われることで,学習グループ同士やそこにいる別な利用者間で情報がやりとりされること,学習の幅が広がることを目標のひとつとしている。プレゼンテーション機器やホワイトボードも共有スペースにあることで,学習グループ以外の利用者との情報共有,交換が活発化する。

　将来の公共図書館における閲覧スペースの一部は,このようなオープンな場所として,図書館の情報による学習や体験の結果を,参加者,学習者だけでなく,その場に居合わせた他の利用者にも広げることで,地域の課題や情報の共有とさまざまな知識による解決が進むのではないかと期待する。また,このようなオープンスペースで,ビブリオバトルや鑑賞会,講演会,ワークショップなどを開くことで,図書館にある多様な情報をPRすることができ,思わぬ課題解決も期待される。ゲームについても図書館のオープンスペースで遊ぶことで,多様なゲームの世界や,さまざまな楽しみを利用者にPRすることができ,それが次の利用に結びつくのではないかと思われる。したがって,他利用者への影響の解決のみならばクローズドな部屋で利用することが最善となるが,将来的な利用の拡大や,多様な図書館情報資源の紹介という役割を考えれば,配慮をした上でオープンスペースでのゲームも検討の価値があると考える。

(5) ゲームの貸出

　図書館に所蔵される情報資源の多くは貸出される。利用者は貸出を受けることで，図書館の開館時間や場所という制約から離れて，情報資源を自分のペースで利用することができる。

　現状では，デジタルゲームの貸出は著作権法の補償金などの交渉が必要となるため困難であるが，ルールブックのような図書資料は通常の図書資料と同様に貸し出し，カードやサイコロ，コマを使うアナログなゲームは，ある程度のロスを許容した上で，今のゲームの流通に配慮しながら，貸出に対しゲームメーカーの理解を求めていくことを本項の結論とする。

　ゲームの貸出について，まずゲームは著作権法におけるどの著作物にあたるかが課題となる。デジタルゲームについて平成14（2002）年4月25日の最高裁判例により，映画の著作物であるとすることが一般的である。また，静止画中心のゲームについては映画の著作物でないとする高裁判決が確定している。これにはテキストのみで表現されるゲームも含まれると考えられる。

　映画の著作物の貸出については，著作権法第38条第5項により，無償，非営利の貸出について補償金を支払うことが定められている。現在のデジタルゲームはゲーム内に動画や音楽などが含まれることが一般的であるため，これらのゲームを貸し出そうとする際には，現状個別にゲームメーカーとの交渉が必要である。しかしレンタル業が一定規模ある映画業界とは違い，現在ゲームのレンタル業はほとんどなく，ゲームメーカーとの交渉は困難が予想される。他の映画の著作

物の補償金金額と同程度になるかは不明である。

　また，ダウンロードして購入したゲームについては，ダウンロードしたアカウントのみで起動でき，アカウントの共有は契約で禁止されているため現状不可能である。ディスクに固定されたゲームの貸出については，貸出後，利用者が所有するゲーム機にインストールして遊ぶこととなるが，ディスク返却後はゲームは起動できない。遊ぶことができないためゲームが複製されたとはみなされないとは思うが，図書館がゲームを無料で貸し出して，複製させたととらえられる可能性がある。

　デジタルゲームはコンピュータプログラムでもあり，ディスクとプログラムを購入するのではなく，遊ぶためのライセンス（使用許諾）を購入しているとみなすことができる。この観点からもデジタルゲームは1人1人のプレイヤーがライセンスを購入して遊ぶということが前提であるため，図書館での貸出補償金の交渉は難しくなるであろう。デジタルゲームの貸出については今後補償金やルールなどの交渉が必要と考える。

　サイコロやカードを使うボードゲームは，主に紙に印刷されている態様をみると図書としてとらえることもできる。従来の図書とは形態が大きく異なるが，製本されていない本やカードなどとみなすこともできる。これらの資料は映画の著作物ではないため，現状の図書館でも貸出は可能である。貸出時の課題としては，部品やカードの紛失である。サイコロやコマは紛失しやすく，返却のたびに数などを数える必要が出てくる。整理用のビニールバッグなどに詰めた上で，利用者に対して返却時の確認をお願いし，ある程度の紛失や滅失

リスクを許容することが必要である。

　貸し出すことで，館内に遊ぶ場所がない図書館でも利用者はゲームを体験できるし，自宅などで遊べば時間制限などなしに体験できるため，ある程度のロスを許した上でゲームの貸出を行った方が，新しい利用者層の発掘などにもつながるのではと推測する。ボードゲームなどは地方ではあまり流通しておらず，ゲーム情報も少ないことを考えると，図書館でのゲーム貸出やイベントが，ゲーム層を広げ，ゲーム業界にもメリットが出てくる。現在ゲームのレンタル自体があまりないため，図書館でのアナログなゲームの貸出については，前述のメリットなどやニーズ調査結果などを踏まえて，ゲームメーカーの理解を得ていくことが必要である。

4.4 図書館サービスへのゲームの導入と想定される効果，目標

　これまで，本章では図書館がゲームを収集する意義，収集するとしたときの情報資源としての位置づけ，収集から利用，保存までのプロセス，課題について論じてきた。さまざまな課題も多いが，現状図書館でゲームを収集し，館内のある場所で遊ぶことについては，音声のみ別室などでのプレイなどで解決できれば，全国の公共図書館，大学図書館，学校図書館でのサービスが可能である。本節では，これらのサービスが利用者や地域にどんな効果があるのか想定する。現在ゲームのサービスは図書館の一部にて行われているものであり，この想定の実証はこれからの課題である。

　まず図書館の機能として当然ではあるが，ゲームが継続的

に収集・保存され，提供されることによって，ゲーム文化が広がっていくことである。さまざまな時代のさまざまなゲームが図書館で遊べることによって，図書などと同じく，その時代の情報が現代に伝わり，ゲームに対して興味ある人が増えることで，新しいゲームが開発される素地や，人材の育成になりゲーム文化の発展に寄与することである。

次に，レクリエーションとしてのゲームサービスである。図書館は図書館法第2条にもあるとおり，情報提供を通じて地域住民のレクリエーションに資することも設置の目的である。ゲームを図書館で遊ぶことで，さまざまな追体験や感動を味わうことができる。これらは図書館に所蔵されている物語や映画，音楽となんら違いはない。

第3の効果として，ゲームから情報を受け取ることで利用者がさまざまな知識を得ることである。ゲームには背景となる物語，神話，空想の生物や機械が組み込まれている。さらに実在した人物や歴史的事件，社会制度や構造といった実在する事物を追体験することができる。ゲームは図書館にある図書や映画とまったく変わらない情報を持っている。

第4の効果として想定されるのが，ゲームで遊びたいというニーズに図書館が応えられることである。これまで図書館ではゲームを収集，サービスしてこなかったため，ゲームを遊びたいというという利用者は図書館に関心がなかった。ゲームを収集，サービスすることで，これまで図書館に興味がなかった新しい利用者が図書館に来館し，ゲームという資料を利用することが想定される。さらに図書館がこれまで収集してきたゲームに関連する図書，雑誌などの利用の増加も期待される。ゲームの文化の中での重要性は前述したとおりで

あり，ゲームへのニーズは高いと考えられる。

　また，ゲームは読書量が減少するといわれている10代後半から40代までの幅広い年代に遊ばれている。これらの年代層がゲームを遊びに図書館に来館することは，読書推進活動にとってもチャンスである。従来からもゲームを基にした小説などをヤングアダルト資料として図書館は提供してきたが，ゲームと合わせて提供することで，さらに効果の増大が期待でき，利用される機会も増えると期待される。

　ここまでは，図書館内でゲームをサービスすることによって期待される効果である。次節より，ゲームが手段，媒介となり生まれる副次的な効果について推測する。

(1) アウトリーチ活動

　ゲームを図書館の中で行うことで，来館した利用者にはサービスを行うことができるが，ボードゲームなどの試遊会などを公民館や学校で行うことで，図書館を知らない住民に対して図書館サービスを届け，PRすることが可能である。このような図書館のアウトリーチ活動としては，団体貸出，移動図書館車や，読み聞かせ会，ブックスタートなどが今まで存在し，近年ではインターネットを通じた予約やレファレンスの受付などがあるが，前4者（「団体貸出，移動図書館車や，読み聞かせ会，ブックスタート」であれば4者でしょうか）は図書を中心としたサービスでゲームは提供されてこなかった。また，後者はインターネットだけで貸出や回答が完結せず，完全なアウトリーチ活動とはいうことはできない。

　ゲームという新しいサービスを持って，外部の場所，機関などと連携し，利用者にゲームを遊ぶ機会を届けることで，

直接のサービスだけでなく，図書館の意義を，これまで図書館を利用しなかった住民にPRすることができる。

(2) コミュニケーションツール

ゲームは，世代間交流のためのコミュニケーションツールとしても期待される。将棋，囲碁，カルタなどは幅広い年代に好まれ，高齢者と若者のコミュニケーションの機会ともなっている。またスマートフォンのゲームなどは幅広い年代に遊ばれており，機会があれば世代間交流の手段とすることができる。これらのゲームに加え，歴史を基にしたシミュレーションゲームや，デジタルゲームなどを幅広い年代に紹介し，一緒に遊ぶ機会を図書館が設定することで，世代間交流の新しい機会となる。

(3) 新しい技術，芸術ジャンルの体験

デジタルゲームはその当時の映像や体感，操作の最新技術が組み込まれることが多く，図書館でそれらの技術を体験することで，技術への興味を起こすことが可能である。例えば，VRはこれから医療や工業，建築，芸術など多分野での応用が期待されている技術であるが，VRのコンテンツはまだまだ少ないため，体験する機会は少ない。しかしデジタルゲームではVRを取り入れたゲームタイトルが発売され，体験用の機器も比較的安価である。これらの技術に小・中学校で触れる機会があることにより，将来それらの技術を開発する者が出てくる可能性がある。そもそも図書館で多様な資料の収集・提供を行う意義のひとつは，このような機会を設けるためである。

また，ゲームは映画などと同じく総合芸術である。シナリオ，テキスト，画像，動画，音楽，音声がそれぞれのゲームにおいて組み合わされてでき上がっている。シナリオライター，作家，イラストレーター，画家，コンピュータグラフィッカー，動画演出者，舞台演出者，ゲーム作曲家，作詞家，声優，などゲームにかかわる職業は多種多様である。また，ゲームは輸出入されるため，翻訳や輸出先文化へのローカライズなどが必須であり，翻訳家や比較文化，宗教などの専門家がかかわる。個別の専門家には世界的な評価を受ける者もあり，図書館で幼いときよりさまざまなゲームに触れることで，今後これらの第一人者が出てくることも期待できる。

(4) 公民館・児童館との協同

　アウトリーチ活動のところで触れたが，ゲームは図書館内だけでなく，地域の公民館や児童館，学校図書館など，外部機関と連携したサービスが重要である。ゲームの体験イベントは公民館などでのサービスとも重なっており，協同イベントとして行うことが可能である。ゲームを遊ぶ場所を図書館内にとれない場合には，地域の公民館などで遊ぶことが期待される。この際，図書館のステークホルダーとして，公民館，児童館，学校関係者を設定し，これらのステークホルダーにもゲームサービスの意義を理解してもらうことが必要であり，そのためには図書館でゲームの収集，サービスの事例が一定数揃うことが必要である。

（日向良和）

5章 ボードゲームアーカイブの可能性

　「ほしいボードゲームがあったらその場で購入せよ」という格言（？）があります。ボードゲームは，市場からすぐになくなります。筆者もボードゲームのファンであり，ボードゲームをよく購入しています。そして，ボードゲームは決して安くない（安いものでも 1,000 円は超え，5,000 円以上のものも多い）ので，購入を見送ることがありますが，しばらく経ってお金に余裕ができて確認すると，すでに販売されていないことがしばしばあります。最大手のインターネット通販サイトの Amazon を見ても，専門店のインターネット販売を見ても，売り切れの文字。友人の友人くらいに聞けば，誰かしら持っていそうですが，市場には残念ながら流通していません。オークションサイトで，中古で流れてくるのを待つことになり，冒頭の格言の意味を噛みしめています。

　ボードゲームの人気は，一時のブームを通り越して，いまや人気は定着しつつあります。ボードゲームを扱うお店といえば，ボードゲームカフェ，ボードゲームショップがあります。その数は，200〜300 程度はあると考えられます（1 章「1.3 ボードゲーム」(p. 4)）。また，家電量販店にボードゲームコーナーがあったり，大型書店にボードゲームコーナーが設けられたりすることもあります。これだけの販路や需要がありながら，どうしてボードゲームは売り切れになり，入手が困難

になるのでしょうか。

　それは，増えたといっても書籍などと違い，個数を絞って生産しているからです。また，特殊なパーツが多く，生産コストは書籍より高い場合が多いので，ある程度需要が高まらないと再販されません。ボードゲームは海外から輸入し，輸入元が日本語訳をし，そして販売されているものも多数あります。売り切れたといっても，すぐに輸入を再開できるわけではなく，海外メーカーと調整して再度輸入する必要があります。海外メーカーにも（特に日本語版の）在庫があるとは限りません。最初から販売数が限られ，売り切れになってもなかなか再販されないことが，ボードゲームがすぐに市場からなくなる理由です。

　最近では，ボードゲームの同人活動も盛んです。そこで販売される商品は，当然ながら，数がより限定的であり，販路も限られています。その場で買わなければ，人気のある商品でない限り，別の機会に購入することは難しいのです。

　一般に販売されていた作品が販売されていない場合は，入手のための手段として，作者に問い合わせることを勧める記述も見られます（小野卓也著『ボードゲームワールド』スモール出版，2013, p.90-91）。

　ボードゲームは文化そのものです。さまざまな文化を吸収し，時代の背景を投影し，多様な人が遊ぶものです。しかし，少し昔のボードゲームを遊んだり，新作作成のために調べたり，研究したりしようと思っても，販売されていなければ，知り合いのコレクションに頼るほかないのが現状です。今まさに，ボードゲームが大量に生まれ続けている中で，同時に，二度と遊べないゲームもまた増えているのです。他のコンテ

ンツのように,ボードゲームにも,アーカイブの枠組みを検討する時期が来ているのかもしれません。アーカイブをして,次世代に残し,その次世代にさらに次世代に残すかどうかを判断してもらう。現時点では,その判断の対象となるコンテンツそのものが確保できていません。

2章でみたように,ボードゲームのイベントをする図書館が増加しています。そして中には,ボードゲームを購入し,コレクションに加える図書館も出てきています。ボードゲームも文化そのものですから,網羅的なボードゲームコレクションを,大規模図書館が担うことを考え始める時期ではないでしょうか。そこで,本稿では雑駁ではありますが,公的機関によるボードゲームアーカイブの可能性について,試論を展開してみたいと思います。

まず結論から述べると,ボードゲームアーカイブの実現のために,次のふたつが要件であると考えられます。これは先行するデジタルゲームのアーカイブを参考にしています(齋藤朋子著「国立国会図書館におけるゲームソフトの収集と保存: ナショナルな協力体制確立の必要性」『デジタルゲーム学研究』6巻1号,2012, p. 37-41)。

(1) ボードゲームの網羅的な収集・保存
(2) データベースとメタデータ

5.1 ボードゲームの網羅的な収集・保存

まずは,残すべきボードゲームの範囲とは何でしょうか。デジタルゲームの枠組みを参考にしながら,検討を進めてみたいと思います。とはいえ,ボードゲームのアーカイブは,

デジタルゲームよりシンプルです。デジタルゲームであれば，ハードとソフトを保存して，その端末やネットワーク環境やプレイ環境を保存してと，ゲームを再現するために残さなければならないものが多岐にわたります。ボードゲームは基本的にパッケージで売っており，それ単体で遊ぶことができます。

デジタルゲームでは，長い時間をかけてゲームをクリアしたり，技能を上げたりするものが多数あります。攻略本や攻略サイトも重要なコンテンツです。実況動画などを通じて，上手な人のプレイを鑑賞する楽しみ方もあります。習熟する過程そのものも，多くのプレイヤーが共有する重要なコンテツとして認識されています。このことから，攻略本やプレイ動画をアーカイブする必要も出てきています。一方で，ボードゲームは，デジタルゲームのように，何度も習熟して遊ぶというよりは（もちろんそのようなゲームもありますが），さまざまな種類のゲームをちょっとずつ遊ぶスタイルが多い印象があります。まずは販売されたパッケージをそのまま保存することができれば，かなり充実したアーカイブになりそうです。

ボードゲームの全容を，どのように把握するのがよいでしょうか。ボードゲームの総合サイト「ボドゲーマ」には1万以上のボードゲームが登録されています。ここには海外製のゲームも含まれますが，日本で出版されたものでも数千近くに上るでしょうか。

メジャー作品と同人作品の両者を考えればよさそうです。これらは流通経路が異なります。メジャー作品であれば，出版社や輸入販売店が販売しているので，出版社が新発売の製品を出すときに把握できます。大手であれば，カタログを出

しているので，それで取扱商品を把握できます（ホビージャパンアナログゲームカタログ 2017, http://hobbyjapan.co.jp/company/info/hj_gamecatalog_2017.pdf　最終アクセス：2018 年 6 月 8 日）。

　そして，同人作品の流通の中心は，「ゲームマーケット」という日本最大のイベントです。ゲームマーケットは，東京で年 2 回，関西で年 1 回開催されています。東京ビッグサイトで行われた直近の「ゲームマーケット 2018 春」では，2 日間で 20,000 人を集めており，700 程度のブースが出展しています。新作タイトルは，「2018 春」は 425 タイトル，「2018 大阪」は 110 タイトル，「2017 秋」は 679 タイトルの新作が発表されています（ゲームマーケット，http://gamemarket.jp/　最終アクセス：2018 年 6 月 8 日）。このイベントだけでも，1 年間で 1,000 を超えるタイトルが生まれていると考えられます。

　ボードゲームの関連書籍があります。例えば，カタログであったり，ボードゲームをテーマにした本があったりします。他にも，ボードゲームは他のジャンル（例えば，デジタルゲームやアニメ）がヒットして，クロスメディア展開して販売されることもあります。これらも一体として保存できればベストですが，難しい場合でも，書籍であれば国立国会図書館，デジタルゲームであれば立命館大学ゲーム研究センターなど，他のアーカイブ機関に任せることも可能です。

　ボードゲームの保存は，どのように考えればよいでしょうか。ボードゲームの特徴として，形状がばらばらで，かさばるものが多く，保存のためのスペースを取ることが考えられます。さらにいえば，ボードゲームの保存において，開封して組み立てたものか，未開封のもののどちらを保存するべきか，ということも考えなければなりません。ひとつの考え方

として，ボードゲームを受け入れてすべて電子化し，必要なタイミングにおいて，3Dプリンタで再生するという方法がありそうです。技術の進歩や法制度など課題が多いのですが，保存コストを下げる意味でも考慮する必要があるかもしれません。

5.2 データベースとメタデータ

ボードゲームをデータベース化するにあたっては，先行するBoardGameGeek（https://boardgamegeek.com/ 最終アクセス：2018年6月8日）および前述のボドゲーマにかなりのメタデータがそろっています。両者に共通するものを中心に，ボードゲームアーカイブに必要であると思われるメタデータを，表に示しました。このほかに，これらのサイトでは，ランキングや口コミなども掲載されています。これらのサイトでは，ボードゲームを特定したり，自分の好きなゲームと関連したり共通点があるゲームを探したりすることができます。さらなる検討が必要ですが，ボードゲームアーカイブでも，基本的にはこのメタデータ項目があれば十分に使えると思われます。

表 メタデータ項目

メタデータ項目	備考
タイトル	作品名
原題・外国語タイトル	海外製品が多い。また,逆に日本製品が海外に進出する場合もある。
参加人数	一人用から10人以上遊べるものもある。
作者(システム)	ゲームの仕組みをつくる者。ゲームデザイナーと呼ぶこともある。
作者(デザイン)	ゲームの意匠をつくる者
対象年齢	多くのボードゲームには,対象年齢が記載されている。
プレイ時間	短いものは数分から長いものだと一日中かかることもある。
フレーバー	ボードゲームの世界観や背景
メカニクス	ボードゲームのルールや仕組み。これらの組み合わせによってゲームの性質や面白さが変わる。
発売時期	再版されることがある。
参考価格	同じゲームでも,販売時期や出版社によって価格が異なることもある。
販売会社	翻訳が必要なので,国内と海外の販売会社は異なることが多い。一度品切れになり,他の出版社で販売されることもある。
拡張版や関連	人気ボードゲームは,続編や元のゲームに追加して遊べるキットが販売される。

(井上奈智)

あとがき

　私はゲームと本とともに育ってきました。小さい頃は，父親が読んでくれた絵本や児童書の世界に入りつつファミコンを楽しんでいました。中学生になると『ロードス島戦記』などのライトノベルを読みながら，兄弟や友人たちとTRPGを遊びました。高校生の頃は，村上春樹にはまりながらゲームセンターで「バーチャファイター2」の対戦に明け暮れていました。最近ではそれにボードゲームが加わり，この歳になってもゲームを軸に交友関係が広がっていっています。そして，このように本の執筆をさせていただくことになりました。

　私にとってゲームとは，本と同じように感動をもらえて，世界を広げてくれて，人生を豊かにしてくれる文化です。高校のとき，初めて1人で旅行に行ったのは，ゲームの大会に出るためでした。格闘ゲームから実際の格闘技に興味をもち，プロの試合に出場しました。若い頃にゲームセンターで知り合った友人とは，今も仲がいいです。私が精神的に体調を崩していたときに助けてくれたのは，ゲームコミュニティの友人たちでした。その精神的にどん底のときに遊んだ「Undertale」というゲームの素晴らしい物語に号泣し，救われたことを忘れないでしょう。

　ゲームと図書館（本）の魅力を多くの方に伝えたくて，コツコツと頑張ってきましたが，私1人でできることなどほとんどなく，多くの方に助けていただきここまでこられました。出版の話を持ってきていただいただけでなく，共著として素晴らしい原稿を書いていただき，かつ編集者として私の拙い文章を修

正してくださったボドゲ好きの井上さん。図書館総合展へ私を呼んでいただき，この本にも素晴らしい原稿を書いてくださった「Fallout」好きの日向先生。私にこのようなきっかけを与えていただいたおふた方に深く感謝しています。

　また，私に企画を依頼してくださる図書館様（えびの市民図書館様，大津北中学校図書館，おおづ図書館様，小郡市立図書館様，くまもと森都心プラザ図書館様，筑後市立図書館様，博多工業高校図書館様，福智町図書館ふくちのち様，益城町図書館様），企画のたびにボランティアでスタッフをしてくれる熊本のゲームコミュニティの友人たち，同じくボランティアスタッフとして遠路はるばる来てくれる福岡のゲームコミュニティの方々，VR などデジタル企画で活躍してくれる友人たち，企画時に快くデジタルゲームの使用許可を出していただいたゲーム会社様（UBI 様，コーエーテクモ様，カプコン様，スパイクチュンソフト様），ボードゲーム企画だけでなくプラモデル企画などもサポートしていただいたケンビル様（ゲームショップ），図書館でのゲーム企画に来てくれる利用者さん，そして私がこのような企画をはじめるきっかけを最初にくださった，当時の上司である堀行徳様，本当にありがとうございます。多くの方のサポートに心から感謝します。

2018 年 9 月
高倉　暁大

事項索引

●五十音順

【あ行】

アウトリーチ ………………… 153, 155
アーカイブ ……… 136, 140, 141, 142, 156-162
アーケードゲーム ………… 8, 9, 142
アナログゲーム …… 2, 3, 52, 74, 86, 135, 143, 149, 151
天野喜孝（あまの よしたか） ‥126
eスポーツ ………… 11, 70, 71, 131
囲碁 …… 1, 2, 23, 126, 132, 134, 137, 154
イベント … 4, 12, 14, 23-101, 102-124, 125, 138, 139, 151, 155, 158, 160
ウィキペディア ………………… 145
FGO ……………………… 26, 86-95
オセロ ……………………… 2, 126
オンラインゲーム …… 9, 10, 11, 129, 130, 137, 140

【か行】

格闘ゲーム ………………… 9, 133, 163
貸出 → 館外貸出を見よ，館内利用を見よ
仮想現実 → VRを見よ
学校図書館 ……… 26-36, 36-55, 82, 86-95, 99, 101, 138, 151, 155, 164
家庭用のデジタルゲーム …… 1, 9, 127, 128, 142, 143
カード ……… 2, 3, 4, 27, 28, 29, 32, 33, 114, 115, 132, 133, 134, 135, 136, 138, 139, 140, 144, 147, 149, 150
カードケース ……………………… 140
カードゲーム ……………… 3, 138, 147
館外貸出 …………… 13-23, 106, 107, 118-119, 149-151
関係者（関係機関）　→　ステークホルダーを見よ
館内利用 …………… 13-25, 106, 107, 118-119, 136, 146-148, 151, 153, 155
キャラクター … 5, 6, 7, 39, 40, 41, 43, 50, 76, 90, 91, 94, 133, 134, 137, 146
クトゥルフ神話 …… 45, 47, 53, 54, 126
ゲーム音楽 …… 85-86, 134, 135, 136, 137, 146, 149, 155
ゲーム世代 ………………… 8, 37, 93
ゲームシステム ……… 45, 88, 146, 162
ゲーム資料 ……………… 127, 132, 139
ゲームソフト … 68, 78, 83, 130, 135, 136
ゲームデータ ……… 135, 140, 143, 147

事項索引 ……… 165

ゲーム文化 ……… 58, 83, 85, 86, 95, 122, 136, 151
ゲームミュージック → ゲーム音楽を見よ
ゲームメーカー ……… 24, 25, 83, 94, 135, 141, 146, 149, 151, 157
公共図書館 …… 13-25, 51-53, 55-95, 96-101, 126, 147, 148, 151, 164
公民館 ………………… 153, 155
攻略本（攻略サイト，攻略動画）
………… 85, 126, 132, 135, 137, 159
コマ ……… 7, 69, 115, 132, 135, 136, 139, 140, 143, 144, 149, 150
コンポーネント ………………… 17

【さ行】

サイコロ ……… 6, 68, 132, 134, 135, 136, 139, 140, 147, 149, 150
実況動画 ……………… 130, 135, 159
児童館 …………………………… 155
シナリオ ……… 5, 6, 7, 37, 39, 41, 46, 47, 48, 49, 52, 80, 121, 134, 135, 155
収集 ………… 16, 23, 107, 114, 125, 126-151, 152, 154, 155, 158
将棋 ……… 1, 2, 23, 126, 131, 132, 134, 137, 154
情報資源 ………… 125, 126, 133, 134, 135, 136, 140, 141, 148, 149, 151
書誌 → メタデータを見よ
シリーズタイトル ……………… 144
ステークホルダー …… 4, 13, 108, 109, 110, 111, 112, 123, 137, 138, 139
スマートフォン（スマホ）
………… 8, 9, 10, 11, 15, 55, 73, 86, 95, 127, 130, 137, 154
整理 ……………… 116, 141-146, 150
世代間交流 …………………… 154
設定集（設定資料） ……… 126, 135, 143, 144
装備（資料装備） …… 17-19, 114-116

【た行】

大学図書館 …………… 11, 12, 98, 100, 142, 147, 151, 160
ダイス → サイコロを見よ
タイトル …… 113, 133, 134, 143, 144, 146, 154, 160, 162
ダウンロード ……… 92, 130, 135, 140, 141, 145, 150
チェス ……………… 2, 126, 132, 134
著作権 ………………… 15, 107, 149
通信系ゲーム → オンラインゲームを見よ
TRPG → テーブルトーク・ロールプレイングゲームを見よ
デジタルゲーム …… 1, 2, 5, 8-11, 12, 55-78, 83-95, 96-101, 123, 125, 127, 128, 129, 130, 134, 135, 138, 140, 142, 143, 144, 147, 149, 150, 154, 158, 159, 160, 164
テーブルトーク・ロールプレイングゲーム ……… 4-7, 13, 14, 26, 36-55,

74, 79-83, 96-101, 121, 125, 134, 138, 139, 147, 163
テレビゲーム（TVゲーム）　→　デジタルゲームを見よ
伝統ゲーム（伝統的ゲーム）……1-2, 96-101, 125, 126, 131
動画投稿サイト……… 33, 44, 45, 81
刀剣乱舞…………………………68
ドラゴンクエスト（ドラクエ）…………………5, 8, 85, 93, 126

【な行】
ナンバリングタイトル…… 144, 146

【は行】
バーチャルリアリティ　→　VRを見よ
博物館………… 69, 84, 132, 133, 147
パソコンゲーム ……8, 9, 10, 127, 128, 137, 140, 141, 142
パチンコ…………………………137
PCゲーム　→　パソコンゲームを見よ
ビデオゲーム　→　デジタルゲームを見よ
ファイナルファンタジー…… 5, 8, 126
VR ‥9, 65, 74, 75-78, 86, 138, 154, 164
プログラム ……………… 67, 140, 150
プロゲーマー ………… 4, 70, 71, 130
ポケモン（ポケモン GO）…………………… 8, 55-63, 97

保存……… 23, 107, 114-116, 125, 131, 132, 133, 134, 135, 136, 138, 139-141, 145, 147, 151, 152, 158-161
ボードゲーム ……2-4, 13-36, 52, 73, 74, 78-79, 82, 96-101, 102-121, 125, 134, 135, 137, 138, 139, 144, 147, 150, 151, 153, 156-162, 163, 164
ボードゲームカフェ（ショップ）…………3, 4, 16, 24, 25, 102, 107, 108-109, 114, 116, 156, 164

【ま行】
マージャン（麻雀）… 2, 9, 126, 137
メタデータ ……… 143, 158, 161-162
メディア芸術データーベース…………………………… 141, 142

【や行】
ヤングアダルト資料 … 126, 137, 153

【ら行】
ラーニングコモンズ ……………147
リプレイ ……………7, 53, 132, 134, 135, 136, 143, 144
ルールブック …… 5, 6, 7, 37, 38, 39, 40, 41, 44, 46, 53, 54, 126, 134, 135, 136, 139, 143, 144, 149
レクリエーション ………………152
ロードス島戦記 ………… 42, 126, 163
ロールプレイングゲーム（デジタルゲームとしての） ……… 5, 86, 133

●著者紹介

井上　奈智（いのうえ　なち）
近畿大学専任講師，日本図書館協会著作権委員会委員，元国立国会図書館司書。近畿大学法学部卒業，龍谷大学法学研究科修了。『図書館にゲームを！図書館の新しい可能性』（日外アソシエーツ，2025年）の分担執筆者。X（旧 Twitter）は，@ inouenachi として発信している。

高倉　暁大（たかくら　あきひろ）
大学図書館司書，日本図書館協会認定司書，元町立図書館司書。『図書館にゲームを！図書館の新しい可能性』の編著者。「格闘系司書」として，公共図書館，大学図書館，学校図書館を中心に，ゲームを使ったさまざまな企画（読書推進活動，ゲームとの付き合い方講座，コミュニティづくり等）を行っている。ゲームの他格闘技の愛好者でもあり，テコンドーとブラジリアン柔術はともに青帯。X（旧 Twitter）は，@ librarian03 として発信している。ブログは，「図書館×ゲーム」活動報告日誌（https://henauru.hatenablog.com/）。

日向　良和（ひなた　よしかず）
都留文科大学教授。元都留文科大学附属図書館司書。図書館情報大学図書館情報学部卒業，慶應義塾大学文学研究科図書館・情報学専攻修了。『図書館にゲームを！図書館の新しい可能性』の編著者。X（旧 Twitter）は，@ hinata_yo として発信している。

●著者とゲームとの出会い

井上　奈智（いのうえ　なち）
7つ離れた姉，6つ離れた兄，1つ下の妹とともに，平日の晩ごはんの前や食後に，大富豪，百人一首，コピットゲーム，将棋，ダイヤモンドゲームなど，たくさんのゲームを数え切れないくらいの回数，遊びました。テレビゲームもとても身近で，兄や姉の後ろでファミコンの「ドラクエ」や「テトリス」を見るのが至福の時間でした。

高倉　暁大（たかくら　あきひろ））
最初のゲームの記憶は，幼稚園の時に遊んだゲーム＆ウオッチの「ドンキーコングJR」です。999点を越えたらどうなるのだろう？ とワクワクしながら遊んでいたのを覚えています（確か0点に戻ったと思います）。その後はファミコンブームとともに成長するなど，とても恵まれたゲーム人生を歩んでいます。

日向　良和（ひなた　よしかず）
人生ゲームを友達の家でやっていて，ゲームオーバーの「哲学者」とは何か？ と感じました。ファミコンでは，買ってもらったソフトが「ハイドライドスペシャル」と「ドラクエ」で，「ドラクエ」の竜王が強かったです。その後，小説の「ドラゴンクエスト」やマンガ，アニメなどのメディアミックスが印象的でした。だけど私はFF派です。「スーパーマリオ」は最盛期には目隠しで1-1クリアを目指していました。

◆JLA 図書館実践シリーズ　39
図書館とゲーム
イベントから収集へ

2018 年 10 月 10 日　　初版第 1 刷発行Ⓒ
2025 年 5 月 20 日　　初版第 3 刷発行

定価：本体 1600 円（税別）

著　者：井上奈智・高倉暁大・日向良和
発行者：公益社団法人　日本図書館協会
　　　　〒104-0033　東京都中央区新川1-11-14
　　　　Tel 03-3523-0811(代)　Fax 03-3523-0841
デザイン：笠井亞子
印刷所：㈱丸井工文社
Printed in Japan
JLA202503　　ISBN978-4-8204-1811-5
本文の用紙は中性紙を使用しています。

JLA 図書館実践シリーズ　刊行にあたって

　日本図書館協会出版委員会が「図書館員選書」を企画して 20 年あまりが経過した。図書館学研究の入門と図書館現場での実践の手引きとして，図書館関係者の座右の書を目指して刊行されてきた。

　しかし，新世紀を迎え数年を経た現在，本格的な情報化社会の到来をはじめとして，大きく社会が変化するとともに，図書館に求められるサービスも新たな展開を必要としている。市民の求める新たな要求に対応していくために，従来の枠に納まらない新たな理論構築と，先進的な図書館の実践成果を踏まえた，利用者と図書館員のための出版物が待たれている。

　そこで，新シリーズとして，「JLA 図書館実践シリーズ」をスタートさせることとなった。図書館の発展と変化する時代に即応しつつ，図書館をより一層市民のものとしていくためのシリーズ企画であり，図書館にかかわり意欲的に研究，実践を積み重ねている人々の力が出版事業に生かされることを望みたい。

　また，新世紀の図書館学への導入の書として，一般利用者の図書館利用に資する書として，図書館員の仕事の創意や疑問に答えうる書として，図書館にかかわる内外の人々に支持されていくことを切望するものである。

2004 年 7 月 20 日
日本図書館協会出版委員会
委員長　松島　茂

図書館員と図書館を知りたい人たちのための新シリーズ!

JLA 図書館実践シリーズ 既刊40冊, 好評発売中

（価格は本体価格）

1. **実践型レファレンスサービス入門　補訂2版**
   斎藤文男・藤村せつ子著／203p／1800円
2. **多文化サービス入門**
   日本図書館協会多文化サービス研究委員会編／198p／1800円
3. **図書館のための個人情報保護ガイドブック**
   藤倉恵一著／149p／1600円
4. **公共図書館サービス・運動の歴史1**　そのルーツから戦後にかけて
   小川徹ほか著／266p／2100円
5. **公共図書館サービス・運動の歴史2**　戦後の出発から現代まで
   小川徹ほか著／275p／2000円
6. **公共図書館員のための消費者健康情報提供ガイド**
   ケニヨン・カシーニ著／野添篤毅監訳／262p／2000円
7. **インターネットで文献探索　2022年版**
   伊藤民雄著／207p／1800円
8. **図書館を育てた人々　イギリス篇**
   藤野幸雄・藤野寛之著／304p／2000円
9. **公共図書館の自己評価入門**
   神奈川県図書館協会図書館評価特別委員会編／152p／1600円
10. **図書館長の仕事**　「本のある広場」をつくった図書館長の実践記
    ちばおさむ著／172p／1900円
11. **手づくり紙芝居講座**
    ときわひろみ著／194p／1900円
12. **図書館と法**　図書館の諸問題への法的アプローチ　改訂版増補
    鑓水三千男著／354p／2000円
13. **よい図書館施設をつくる**
    植松貞夫ほか著／125p／1800円
14. **情報リテラシー教育の実践**　すべての図書館で利用教育を
    日本図書館協会図書館利用教育委員会編／180p／1800円
15. **図書館の歩む道**　ランガナタン博士の五法則に学ぶ
    竹内悊解説／295p／2000円
16. **図書分類からながめる本の世界**
    近江哲史著／201p／1800円
17. **闘病記文庫入門**　医療情報資源としての闘病記の提供方法
    石井保志著／212p／1800円
18. **児童図書館サービス1**　運営・サービス論
    日本図書館協会児童青少年委員会児童図書館サービス編集委員会編／310p／1900円
19. **児童図書館サービス2**　児童資料・資料組織論
    日本図書館協会児童青少年委員会児童図書館サービス編集委員会編／322p／1900円
20. **「図書館学の五法則」をめぐる188の視点**　『図書館の歩む道』読書会から
    竹内悊編／160p／1700円

図書館員と図書館を知りたい人たちのための新シリーズ！
JLA図書館実践シリーズ 既刊40冊，好評発売中

21. 新着雑誌記事速報から始めてみよう RSS・APIを活用した図書館サービス
牧野雄二・川嶋斉著／161p／1600円

22. 図書館員のためのプログラミング講座
山本哲也著／160p／1600円

23. RDA入門 目録規則の新たな展開
上田修一・蟹瀬智弘著／205p／1800円

24. 図書館史の書き方，学び方 図書館の現在と明日を考えるために
奥泉和久著／246p／1900円

25. 図書館多読への招待
酒井邦秀・西澤一編著／186p／1600円

26. 障害者サービスと著作権法 第2版
日本図書館協会障害者サービス委員会，著作権委員会編／151p／1600円

27. 図書館資料としてのマイクロフィルム入門
小島浩之編／180p／1700円

28. 法情報の調べ方入門 法の森のみちしるべ 第2版
ロー・ライブラリアン研究会編／221p／1800円

29. 東松島市図書館 3.11からの復興 東日本大震災と向き合う
加藤孔敬著／270p／1800円

30.「図書館のめざすもの」を語る
第101回全国図書館大会第14分科会運営委員編／151p／1500円

31. 学校図書館の教育力を活かす 学校を変える可能性
塩見昇著／178p／1600円

32. NDCの手引き「日本十進分類法」新訂10版入門
小林康隆編著，日本図書館協会分類委員会監修／208p／1600円

33. サインはもっと自由につくる 人と棚とをつなげるツール
中川卓美著／177p／1600円

34.〈本の世界〉の見せ方 明定流コレクション形成論
明定義人著／142p／1500円

35. はじめての電子ジャーナル管理 改訂版
保坂睦著／250p／1800円

36. パッと見てピン！ 動作観察で利用者支援 理学療法士による20の提案
結城俊也著／183p／1700円

37. 図書館利用に障害のある人々へのサービス 上巻 利用者・資料・サービス編 補訂版
日本図書館協会障害者サービス委員会編／304p／1800円

38. 図書館利用に障害のある人々へのサービス 下巻 先進事例・制度・法規編 補訂版
日本図書館協会障害者サービス委員会編／320p／1800円

39. 図書館とゲーム イベントから収集へ
井上奈智・高倉暁大・日向良和著／170p／1600円

40. 図書館多読のすすめかた
西澤一・米澤久美子・粟野真紀子編著／198p／1700円